お金オンチ夫婦
借金500万からの家
ビンボー脱出[illegible]作戦

[illegible]宮との 著
横山光昭 監修

世界文化社

プロローグ

いや、

『やってこれてしまった…』
と言ったほうがいいかもしれません

子供が生まれる以前は
アァァァァァァァァ
今生きるのに必死で先を考えたことなどありませんでした
それゆえ危機感もなく
お金がなければクレジットカードを使えばいいじゃなーーい
ほほほ…
見ないフリ
この先も「なんとかなるだろ」と軽く思っておりました
しかしいざ子供が生まれると
急に様々なことが現実味を帯びて不安が襲ってきました
この子の将来大丈夫？
僕たち夫婦の未来は？
もしかしてこのままじゃマズい…？
ドキドキ
もや〜ん
それから付け焼き刃で貯金を始めてみたり
節約を徹底したりしたものの…
ゴォォォォォ
やるどー
めんどー
貯金
今日中に滞納金返さないと…
臨時の出費で一瞬で消える
節約
他になにすれば…
食費を削るくらいしか思いつかず…
どれも空回りしてうまくいかず撃沈…！

先が見えない不安ゆえ嫁ちゃんに当たって
なにまたムダづかいしてるの!?
グッズ
アニメ
自分のお金ぐらい好きに使わせてよ!
ふん!
プイ
家の中はギスギス
そのうちお金の話自体もできなくなっていきました
……
またケンカになるのいやだしな…
バァー
…思えば僕も嫁ちゃんも将来やお金のことなにも考えてこなかった
今さら焦って家計を変えようとしても無理なのかな…
しゅん…
そもそもどうすれば家計がまともに回るのかまったくわからず
ズデ
やることすべてが空回りで
特にぜいたくしているわけでもなくお金だけが減っていく…
うちってこんなに借金あったの?
さ～～
ビョン
そだよ
いわゆる**「詰み」**の状態だったような気がします

ドオオオオオオオ
当時は家計を
うまく回すことが
家計の壁
ものすごく高い
壁のように
感じていました
それはもう
目の前が
真っ暗になるほどに
もうダメだと
あきらめかけた
そんな時
一筋の光が…
キラン
あれ
この光は…

※FP…ファイナンシャルプランナー。個人や企業の資産、負債などの相談にのり、アドバイスをするお金の専門家。

特に難しいことはしていません
やろうと思えばだれにだってできる方法を実行しただけです
あえて大事だと思ったことを挙げるなら…
それは「知る」ことです
ドン
今まで僕たちはうちの家計の状況も改善の方法も何も知りませんでした
ふぁ〜
もっと興味持ってよ
知ってしまえば「こんな簡単なの」と思えることでも
知っている
ぶらち〜ん
知らない
まっくら
知っているのと知らないのでは雲泥《うんでい》の差です
どうやら僕は何も知らなかったゆえに
家計の壁
たけー!!
イメージ
実際の壁
家計の壁
ちょこん
ひぃぃぃ
目の前の壁を勝手に高いものだと思い込んでいたようです
実際は初めの一歩さえ踏み出せば
飛び越えられる高さだったのにもかかわらず…
ぴょん
あら簡単

泥沼のような生活を
脱した今だから
言えますが
貯金や
家計を整えることも
家族と
お金の話をすることも
だれにでもできます！
空回りばかりしてきた
僕ができたのだから
間違いありません!!
うちの家計が
すべての人に
当てはまるわけでは
ありませんが
よかった
よかった
初めの一歩が
なかなか踏み出せない人の
背中を少しでも押して
あげられたらと思います
Web連載中に読んで
くださっていた方にも
すぐマネできる
家計改善テクニックを
新たに書き下ろしたので
お楽しみに！
家計相談者側から見た
リアルなお金の物語が
ここに始まります
こうして僕ら家族は
変わりました！
そして
あなたもここから
家計改善スタートです
ニカ
こんな私も
できたから
大丈〜夫！

目次

第1話

さらば借金生活！家計再生への第一歩

第１話

※FROGGY…フロッギー。SMBC日興証券が運営する、投資とお金に関する情報メディア。記事を読んで株も購入できる。

ぶっちゃけ今……
うちの家計がヤバイッ!!
ギク
げげっ
いちおう僕漫画家をやってるのですが
この職業ものすごく収入が不安定なんですよね
ガリ
ガリ
100万部くらい
売れてくれないかな…
仕事がない時は
月の収入0円!!
う…
今月のお金がピンチ!!
月の収入がゼロなんてよくあります
まぁね
はは…
それだけならまだいいんですよ…
でも…

実はうち…
かなりの借金があるんです
ガーン
借金
ゴフッ
…まずはリボで払っている
カードの未払い分
いてっ!!
全部で7万くらいだけど地味に痛い…
チクチク
カード
ひぃ…
そしてちょっと前に話題になった
奨学金
ひらり…
督促状
奨学金返済してね!
裁判するよ
たまに送られてくる
…コレは嫁のものなんですが、本人に残りの額を聞いても…
わかんない
なぬっ!!
ガビーン
さらり…
しつこく聞くとケンカになるため
電話で聞くって言ったろ
忙しかったから無理!
ギャー
ギャー
現在は放置状態です

加えて
いろんな
滞納金《いろんな》
ドン
借金
おぅ!?
滞納金も
たんまり……
いちおう
会社員の方向けに
説明すると
自営業の場合、
年金の支払い用紙
こういう紙が
毎月届くので……
コンビニや銀行で
支払う
※口座引き落としも可
支払いお願いします
いらっしゃいませ～
年金などは毎月
コンビニや銀行で
支払います
これらは
電気や水道料金
みたいな感じなので
けっこう
滞納しがちで……
今月やばいから
来月に支払いはまわそう…
通帳
結果
こんな状態に……
住民税
(夫婦合わせて3年分)
国民健康保険(1年分)
国民年金(1年分)
ズシーン
ふぎぎ
おもい…

なので大きな収入があっても
すべてその支払いに消えてしまい……
ほっこり
久々の収入だー
ばっ
ふははー…
住民税
国保
年金
まさに自転車操業ッ!!
ひゅ〜…
はぁ〜〜……
この先、家族三人
本当に生きていけるのかな……?
ズーン
へたり…
ペタ…
こんな生活はやく抜け出したい…

とのさーん
もう生活保護しか…
ぶつぶつ
あっ、担当さん！
それにFROGGYの…
どうも～
FROGGYの偉い人
大八木さん
担当さん
今日は連載について
一つご提案があるんです
コクリ
はい
…というと？
ズバリ家計を再生するマンガを描いてみませんか？
ピッ
さらり…
ズガーン
ブッ
え～～～ッ!?

相談役として
ファイナンシャル
プランナーさんなど
お金のプロの方々を
ご紹介します！
キラーーー
お金のプロ
ガタッ
そ、
そんなこと
できるんですか!?
FROGGYすげーー!!
おおおお
もしこれで
家計が
再生すれば
きっと
貯金や投資も
できると
思うんですよ
すっ…
どうですか
とのさん？
ゴクリ…
…これは
家計を変える
チャンスだ！
ぜひ
お願いします！
ガバッ
よかったです
ダン
これでうちの
絶望的な家計も
再生に向かうはず…
…あ!?

ああ〜〜〜〜〜!!
ガバ
どうしました?
僕は忘れていた
嫁ちゃん
嫁ちゃんのことを……
ぐぐぐっ
嫁ちゃんはお金の管理が大の苦手だ
あははははー!!
お金がないならリボで払えばいいじゃない
ところでリボってなに?
何を隠そうこの連載も嫁ちゃんのリボの失敗マンガをコンテストに応募してもらったものである
嫁ちゃんのお金苦手エピソード
その①
クレジットカードの明細見ない
見るのめんどいし
怖い…
……
その②
通帳やハンコをよくなくす
えっ旦那持ってないの!?
ゴソゴソ
なくしたの!?
その③
気づけばゲームの課金で20万円超え
コラー!!
推しキャラがぁ〜

…ぶっちゃけ今の家計がヤバイ原因の少なからぬ部分が
嫁ちゃんにある…
たとえ僕が頑張って家計を切りつめても…
ズーーーン
さーー…
何してんの!?
ごめん〜…
またお金使っちゃった…
てへ…
ゆるして!
嫁ちゃんの意識が変わらないかぎり
本当の意味での家計再生はできないのでは…
あの……
スッ
お金のプロの方の相談に…
嫁ちゃんも連れて行くことって可能ですか?
ぜひぜひ
もちろんですよ!

こんな感じで漫画の内容は決まったのだが……
ありがとうございました～
またー
はぁ～……
これから嫁ちゃんのことどうしよう
ズ～ン
ヘタリ…
リボのマンガのことで嫁ちゃんすっごい傷ついてるんだよなぁ…
ギャ――!!
ひどいよ!!
勝手に私の失敗を描くなんてッ!!
ギャ――!!
う～ん
ぶっちゃけ説得しづらい……
でもこんなチャンス二度とないし
嫁ちゃんにもお金に詳しくなってほしいし…
ぐっ
どうする…俺
ダメ元でもやるしかない……!
次回、家計再生の運命を握る、嫁ちゃんを無事説得することはできるのか?

バズってピンチ

この後、嫁ちゃんに
正直に告白して、
かなーり怒られました（苦笑）。

第2話

お金オンチの妻を攻略せよ！

第2話

お金のプロとの家計相談に嫁ちゃんを同行させるため
説得することにしたのだが……
はん処
ごめん無理…
バッ
ツ
連載が決まったお祝い会
やっぱり…
あっさり断られてしまった
私も協力はしたいよ
でもさ、私がリボ払いで失敗したマンガを読まれてると思うと絶対無理なんだよね
う〜ん
んば
んば
相手が私のことをまったく知らない人だったら会ってもいいかな
担当さんも含めて
ガーン
んなむちゃなっ!
ぐぬぬ…やっぱこうなるか…
嫁ちゃんプライド高いからなぁ…
ゴクリ…

わかった
いちおう担当さんにも聞いてみるよ…
ごめんね～
アスヒビール
250
おつまみ
予想はしてたけど、やっぱ説得は難しいか
ガクン
はぁー…
なんか残念だな…
ごはんおいしかったね
そだね…おいしかった
もしかしたらもっと嫁ちゃんとお金の話をできると期待したんだけど…
後日…
あっ担当さんからだ
ピコーン
家計相談の件
奥さまの条件で探ってみましたがカクカクシカジカの理由で難しそうです……
ちゃんと上の人や向こうさんに掛け合ってくれたのか…
担当さんやさしい…
ポリポリ
あれ？
スッ
まだなんかあるな

………
Loin
ただ、やはり家計を本当の意味で再生させるには、奥さまのお力添えが必要だと改めて考えているしだいです。
担当
これは……
……
本当にあれでよかったのか?
ごめん無理…
あっさり断られてしまった
やっぱり…
相手が私のことをまったく知らない人だったら会ってもいいかな
担当さんも含めて
ガーン
んなむちゃなっ!
ズキ…
後悔は本当にないのか?
自分だけが変わればそれでいいのか?
ぎゅっ…
……違うだろ そうじゃないだろ
本当は嫁ちゃんと……
ガララ…
嫁ちゃん…ちょっといいかな?
なになにどうしたの?
真剣な顔して…

前に話してた家計相談のことだけどさ
ドドド
おおおお
やっぱ嫁ちゃんにも一緒に来てほしい!
ガ〜ン
ええ〜〜〜〜!?
…私無理って言ったよね
ぐわっ
覚えてる!?
覚えてるよでもそれじゃダメなんだ!!
自分が悪いのもわかってる
勝手にマンガを描いて嫁ちゃんを傷つけた
でも…でもさ
ぐぐっ
やっぱこのままでいいわけがない…

本気で家計を再生させるには
嫁ちゃんの力が絶対必要だよッ!!
……
しーーん…
はぁ
はぁ
ポロ…
!?
ちらっ
あっ!
嫁ちゃん待って!?

……
もぞ
もぞ
嫁ちゃん？
旦那…
もぞっ
私も困らせようと
してるわけじゃ
ないんだよ
このままじゃ
ダメだってのは
わかってる
でも
やっぱ私の失敗を
知ってる人に
会うのは怖いよ…
それだけは
わかって……
うん…
…あのさ、
嫁ちゃんが
妊娠中にさ
妊娠糖尿病に
なった時のこと
覚えてる…？

先生から糖質の説明を受けてビックリしたよね
糖質の高い食べ物
ごはん
パン
ごぼう
いも類
麺類
えっ!? ごぼうも
考えてなかった
それから二人で一緒に糖質を考えた食事をするようになったじゃん
ごはん80gって少な!?
ちょこん
お米の代わりに豆腐食べる
でも、あの話を聞いたのが片方だったら
じじじ
あそこまで二人で協力できなかったと思うんだ
今回のお金の話も同じだと思う
マンガのことはほんとにごめん…
でもさ…それでもさ…
僕は嫁ちゃんと
もっとお金の話ができるようになりたい

自分たちのためにも…
息子くんの将来のためにもさ
……旦那はずるいな
息子くんを使うなんてさ
ドキ
もぞもぞ
ご、ごめん…
がばっ
!
…わかった
私、行くよ…
たしかに私…自分のことばっかりで……
息子くんのことまで考えてなかった…
ポロ…
ポロ…

私が少し我慢してどうにかなる話なら頑張ろうかな……
うっ…
嫁ちゃん…
うる…
ありがとう！
がしっ
調子いいなぁ…
うおおおおおお
そのかわりちゃんと行ったらご褒美《ほうび》もらうからね
ゴゴゴゴゴゴゴ
いいよいいよできることなら何でも言ってよ！
なんだろ…
じゃぁコ○ンの映画連れてって！
やっす!?
プリプリ
それでいいの!?
こうしてなんとか嫁ちゃんを説得することができた
息子くんずっと静かだったね
こいつ空気を読む天才か？
次回は家計相談前の資料作りへ

二ノ宮家の
NG言動その１

コラム

あなたの家は大丈夫ですか？

二ノ宮家のヤバかった家計を大公開

さっそくではありますが、ビンボーまっしぐらだった頃の「二ノ宮家の家計」を公開します！

当時、うまく家計を回す方法として思いついたのは、「ちまちま食費を節約する」や「たくさん仕事をしてお金を多く稼ぐ」くらいでした。

「そもそも家計ってなんだっけ？」と、頭にはてなマークを浮かべている状態で……。今から考えると、あまりに成り行き任せでお恥ずかしいかぎりですが、反面教師として、1年前の僕らの暮らしぶりを見ていただければと思います。

僕らの家計再生のスタートは、こんな感じでした。

二ノ宮家の収入（1年前）

嫁ちゃん

〔料理教室アシスタント〕

当時の平均月収は

10万円前後

※福利厚生あり
現在は講師になり18万円前後に

⇒お金の管理は苦手だけど料理は上手

との

〔漫画の専門学校講師〕

月4万～12万円

〔単行本の印税〕

増刷ごとに30万円ほど

〔ウェブメディアなどの原稿料〕

2万～10万円
（変動あり）

当時の平均月収は

20万円前後

※フリーランスなので福利厚生なし
現在は仕事が増えて22万円前後に

その他

〔児童手当〕

月1万5千円
（4ヶ月に1度まとめて支給）

コラム

家計簿などつけたことがなかった

二ノ宮家の出費（1年前）

との　合計9万円（月平均）

- 家賃 → 6万6千円
- 電気 → 6千円
- ガス → 4千円
- 水道 → 2千円
- ネット代 → 6千円
- スマホ代 → 2千円
- 職場交通費 → 4千円

他は学校での食事代や仕事の経費、生活費など。大型家電の購入は主に僕（との）が担当。

嫁ちゃん

合計4万4千円くらい（月によりバラバラ）

スマホ代↓↓↓↓↓↓↓↓↓↓↓↓↓ 1万2千円（キャリア）

クレジットカード（娯楽）↓ 5千円

職場までの交通費↓↓↓↓ 7千円

美容院代や化粧品代 ↓↓ 2万円前後

娯楽費に含まれる、服や漫画、ソーシャルゲームの課金の他、美容費も自分の給料から出す。

共有の食費や日用品

必要だと思ったほうが自分の給料から購入。
子育て用品なども同じく。

コラム

いつの間にこうなった!?

二ノ宮家の借金（1年前）

との　合計62万4千円

- 住民税　26万4千円
- 国民健康保険　36万円

嫁ちゃん　合計453万6千円

- 住民税　12万3千円
- クレジットカード　5万5千円
- 国民年金　17万8千円
- 奨学金　418万円

初めは預金も
ほぼゼロからの
スタートでした
ガタ
ガタ
通帳
家賃も
たまに滞納
しちゃって
ましたね
ひぃ〜
今考えると
ヤバイ！

第3話

ウソだと言ってくれ……500万の借金が発覚！

第3話

嫁ちゃんの説得から数日後……
よーし よーし
プルルルル…
んーば
とのさん、来週FPさんに家計相談できることになりました！
おぉっ ありがとうございます！
パァ
んばっ
…ところで「FPさん」って何でしたっけ？
たら～…
無知ですいません…
FP（ファイナンシャルプランナー）さんとは簡単にいうとお金の専門家です！
家計相談や資産運用など、その人の目的に合わせたお金まわりの相談にのってくれます
キラ キラ
FP
お金のことなら任せろ！
今回はとのさんの家計がいまどんな感じになっているのかを診断してもらおうかと！
ピッ
へー
用意してほしいものメールしとくので作成お願いします！
あっ はい！
というわけで今回はFPさんに会うための資料作りです
資料で必要なもの
• 3ヶ月分の収支平均
• 借金（滞納金）がわかるもの
ふむ ふむ
…なるほど 収支と借金をまとめればいいのか

…にしても
今まで目を
背けてきたものを
改めて見るって
いうのは
見たく
なーーい!!
ズモモ〜〜〜ン
借金
家の収入
うーん
やっぱ勇気が
いるなぁ…
とりあえず
先に支出を
まとめるかな…
こんもり…
うおっ!
レシートの数
やばっ
①レシートを
月ごとに分ける
これは
1月の分
こっちは
3月の分
②大まかな
カテゴリに分ける
こっちは食費
こっちはランチ代
③スプレッド
シートでそれぞれの
合計を出す
スプレッドシート
Googleの作った
エクセルの
ブラウザ版
のようなもの
意外と
おもしろい
カタ
カタ
おおかた月に
15万くらいって
ところかな
多くて
20万くらい……
食費
外食費
ガス代
電気代
水道代 2.500
備品代 5.400
10.00

いい…ッ!?
水道代 2.500
品代 5.4
通費 10.0
家賃 66.00
代 13.00
合計 300.000
パリーン
支出が30万円だって!?
えっ なんで!?
何に使ったら30万もいくのっ!?
Why 30万!?
ゲーム課金等の支出約5万円
ガターン
うぉおい!!
いやいやいや…
ガタッ
たしかにムダな出費もあるけどさ
それを引いても25万て…
あっ…、でもよく見ると固定費だけで10万以上あるし…
交通費で7万…
岐阜の実家にも帰省したり
大阪へ葬式にも行ったからこのくらいあっても仕方ないのか…

う～ん
なるほど
,000
,000
,000
,000
,500
5,400
10,000
家賃 66,000
ランチ代 13,000
合計 300,000
こうやって
数字を出すと
意外と冷静に
家計が見えてくるな
今までずっと
どんぶり勘定
だったからなぁ
うう～ん
今月は出費を
抑えられた
気がするぞ～
パァ
ぎょっ
って
残金ゼロ!?
結局
どこにお金が
消えていくのかも
謎だったし…
そうだ!
あとは収入も
まとめておこう
カタ
カタ
うぅ……
この月は
完全に支出が
収入を上回ってる
そりゃお金も
貯まらんわ……
カタ
カタ
よし!
これで収支は
まとめ終わったぞ
ん――…
ぐいぃ…
次はいよいよ
あれだ…

借金!!
ズ〜ン
ストレスで老けた…
はぁ〜〜…
ですよね〜…
しぶっても仕方ないので勇気を出して計算してみる
ドクンドクン
カタカタ
うう…胃が痛い…
本当は見たくないんだけどなぁ…
カタカタ
!?
これは…
結果…
合計およそ
100万円!!
年金
178,000
カード
55,000
国保
360,000
住民税
387,000
内訳
グハッ
ごふっ
滞納金およそ100万円が発覚!

予想してたけど
いざ目にすると
やばいな～
ズーン
ん？
これは…？
重要
日本学生支援機構
…そうだった
ピラリ
ゾゾ……
嫁ちゃんの奨学金
すっかり
忘れてた～…
奨学金
ちゃんと返してね
ラスボスやんけ…
結局いまだに
いくらあるのか
謎なんだよな
今度聞いとくね
聞いてない
かといって
もうケンカ
したくないし
……
……
う～～ん…
なんとか
自分で調べる
しかない…
とりあえず
ググろ…
カタ
カタ

おっ
おおおお
いけるぞ!!
ネットからでも
返済額がわかる方法
これだ!
返済額を見るには
奨学生番号と生年月日、
銀行の口座番号が必要です
シーーン…
……
口座番号!?
ドーーン
えええええええ
たしか
この口座って
通帳
カード
嫁ちゃんが前に
カードを失くした
やつじゃ……
通帳も
行方不明
ガーン
とりあえず
嫁ちゃんに
聞いてみる
え――?
旦那が
持って
ないの〜?
ゴシゴシ
はい
アウトー
ガーン

結局
家じゅうの
段ボールを
ひっくり返すことに
ポイ
ない!
ガサ
ポイ
ガサ
ない!
どこにもない!
ポイ
このまま永遠に
見つからないかと
思われた
その時……
うおおぉー
ポイ
ポイ
偶然見つかる
ドーン
奇跡!!
なぜか
家電の
説明書類の
袋の中に
あった
とりあえず
ログインしてっと
ポチ…
ログイン
カタ
カタ
えーっと
奨学金の返済額は
……あった!
……
!?

よッ…
418万円ッ!?
返済情報
奨学生番号
返済額
¥4180000
利率
開いた口がふさがらない
パク
パク
……
滞納金と合わせて500万以上…
418万＋およそ100万
＝
およそ518万!!
まさか家《うち》にこんなに負債があったとは……
多いのは予想してたけど…
…ははっ

は〜〜〜〜〜〜…
ずる…
……でも
なんでだろ
めちゃくちゃ
ショックな
はずなのに
不思議と
スッキリした
気持ちもある……
ポリ
ポリ
あれかな
ん…
ずっと
目を背けてる間に
とんでもない額に
なってるかもって
不安だけがどんどん
ふくらんじゃって
たのかも
500万も
けっこう
だけど…
まさか
自分で自分を
追いつめて
いたとは……
なんか笑える…
情けなくて…
こうして
家の収支や借金が
大まかに見えてきた
二ノ宮家
思ったより
収支を出すの
簡単だったな
来月からも
やろうかな…
次回はいよいよ
FPさんに
会いに行きます

コラム

家計簿や収支計算を続けるコツ

数字が苦手な人でも大丈夫！

家計簿とか収支の計算と聞くと、「めんどくさそう」とか「難しそう」というイメージがあると思います。

僕も家計相談するにあたり、横山先生から「過去3ヶ月分の収支平均」と「現在の借金」を出してほしいと言われ、最初はかなり不安でした。「シロウトの自分にできるかな」という気持ちと、「うちのだらしない家計が見えてしまうのでは……」という恐怖心もあったと思います。

ですが、一度やり方を覚えてしまえば「なんだ、こんなもんか」と、あっけないくらい収支を出すのはとても簡単な作業でした。

また現状の家計を把握できたことで、モヤモヤしていた気分が晴れました。

みなさんも、一緒に家計の状態をチェックしてみましょう！

お金のどシロウトでもできた収支計算

僕は自営業で、たまたま確定申告用にレシートをすべて取っておく習慣があったので、過去の収支は簡単に調べることができました。

もし僕がサラリーマンだったら、レシートも丸めてポイしていたはずなので、この時ばかりは自営業でよかったなと思いました（苦笑）。

久しぶりに、水道光熱費や家賃の引き落とし口座の記帳にも行きました。すると「冬って、こんなに電気代がかかっていたのか」「夏はそうでもないな」などと、いろいろな発見があったのです。

初めは「横山先生に提出する資料」程度にしか考えていなかった収支計算でしたが、今まで気づかなかった家計の流れのようなものが見えてきました。具体的には、こんな方法です。

だれでもできる支出の計算

レシートを月ごとに分け、
費目ごとに合計する。
（クレジットカードの内訳も）

費目は細かく分けすぎないこと。基本は住居費、食費、被服費、雑費&医療費、教育費、通信費など。

水道光熱費は12ヶ月分を合計し、12で割って平均額を出す。

費目ごとに3ヶ月分の出費を合計し、3で割って支出の平均額を出す。

※通帳記入をして過去の支払いからチェックする。

支出計算のポイント

細かい数字にこだわりすぎないこと。支出の計算は1円単位でなく10円、100円単位でもいいので、自分のやりやすい計算方法で!

1ヶ月分だと、突発的な出費でその月だけ支出が多くなる場合もあるので、最低2〜3ヶ月分の平均を1ヶ月分の支出とする。

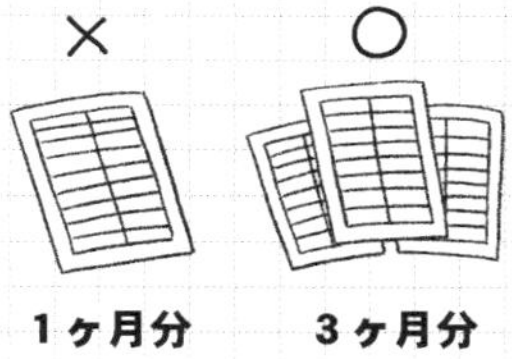

クレジットカードの支払いは、支払い額を支出にするのではなく、内訳をきちんと費目ごとに分けて計算する。

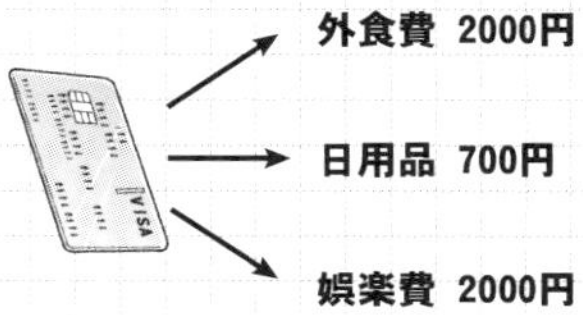

水道光熱費は季節により支出が大きく変化するので、通帳記入を利用するなどして過去12ヶ月分のデータの平均を出す。

レシートを保存していない場合

「レシートを捨ててしまった」という人は、これからレシートを集めて、**最低2〜3ヶ月分の家計簿をつけるところから始めましょう。**

レシートを費目ごとに分けておき、月ごとにまとめて計算する方法や、毎日「買ったもの」と「金額」を費目ごとにノートに記入し、月ごとに計算する方法があります。自分のやりやすい方法でどうぞ。

あまり細かくやろうとすると、途中でやめてしまいかねません。**「続けること」を目的として、大まかな家計簿を作ってみてください。**

初めは大変かもしれませんが、月の支出をまとめるにつれ、見落としていたムダに気づきます。「今月は外食しすぎたかな？」とか「食費が多いけど、余計なものを買いすぎ？」などと、**出費に対して気になる原因がたくさん見えてくるはずですよ。**

費目ごとにペンの色を分けるなど工夫

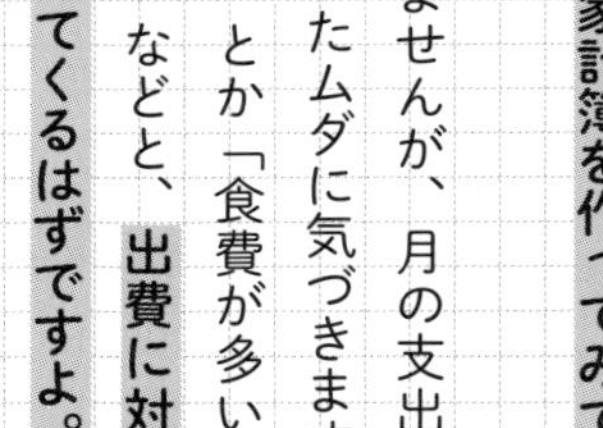

平均月収の計算方法

固定給の場合

・税金や社会保険料などを引いた手取りの金額を収入と考える。

・残業代などで変動がある場合は、年間の金額の合計を12で割る。

←　**平均月収**

自営業の場合

・月によって収入がバラバラな場合、月ごとではなく年収を12で割る。

←　**平均月収**

僕の場合は年によってかなり収入にバラつきがあったので、今年の収入予想を立てて月の平均月収を出しました。

その他の収入

給料以外にもお金が入る場合は、それも生活費に含めていたら、月の収入に加えて平均を出しましょう。たとえば、「児童手当」や「年金」などがそれに当たります。

ギリギリの生活になった原因を見つける

多少の手間ひまをかけたとしても、**月の支出を明らかにするメリットは、なんといっても「家計の見える化」です。**

うちも以前は、食費を切り詰めているのに、お金は減っていくばかりで疑問でした。でも、月の支出を見ると、外食をしすぎていたことや娯楽にお金が多く消えていたことがわかったのです。

家計の問題点が見えたことで、逆に心は晴れやかになり、**「これからどうしようか」と建設的な考え方ができるようになったりしました。**

もし僕と同じような境遇の人がいるならば、家計を見える化するところから始めてみましょう。現状と向き合えれば、必ず打開策は見えてきます！

第４話

お金のプロ・横山光昭さんに家計相談してきました

第4話

今日はいよいよ
家計相談
当日…
う〜〜ん
緊張するな…
ちなみに今回
嫁ちゃんは
予定が合わず…
ごめん！
次は
行くから！
ホントは
来てほし
かった
次回
参加予定です
ガチャ…
キラーーン
どうも
家計再生のプロ
FPの
横山です
キリ
株式会社
マイエフピー
横山 光昭さん
おおーーーッ
おおおおお
ドキドキ
オーラ
すげえ！
キラ
キラ
これ
名刺です
キラ
キラーーン
本物だぁーーーッ!!

横山さんといえば『3000円投資生活』に始まりその他にも名著多数!
たくさんの著書
ニュース
ネットニュースでも名前がよく出てくる本当のお金のプロフェッショナル!!
はじめての人のための 3000円 投資生活
4千人が大成功!
年収200万円からの貯金生活宣言
貯金生活宣言
はぉ〜…
マジですごい
こんなすごい人に家計を見てもらえるなんて…!
ドキ ドキ
キラーン
では とのさん
本日はどのようなご相談で?
あ、あの…
実は自分マンガ家をしてまして 妻と息子の三人家族なんですが収入が不安定なんです
月によっては収入がゼロの時もあったりして…
それに借金や滞納金を計算したところ500万円以上あるのが発覚しまして…
もうどうしていいやら…
もご もご
たら〜…

たぶん家計も
ものすっごい
赤字だと思うんです
ズーン
なんかすいません
でも
貯金はしたいし
生命保険も入らないと
いけないと思ってて…
コク
コク
ふむふむ
なるほど…
わかりました!
キッシーーン
では本当に
とのさんの家計が
赤字なのか
僕と一緒に
見ていきましょう
お願いします!
とりあえず
収入と支出が
わかるものを見せて
もらえますか?
前年の収入支出
今年の収入予
月の収支
さっ
あ、はい
ほうほう
今年の収入予想も
あるんですね
さっ
さっ
ピラ
ピラ
はやい!

たしかにこれを見ると
前年度の収入
1月
2月
3月
4月
5月
印税
その他
0
281880
49000
299700
10500
15481
311040
50000
月ごとに結構バラつきがありますね
パチン
あれを
秘書さん
ス…
キラン
サッ
おぉ…!
その紙は一体…
とのさん

最初にやるべきは収入と支出の月ごとの平均を出すことです
キラーーン
月ごとの平均!?
家計を見直すときは月ごとで考えるのがいいんです
しかし現状、収入は月でバラバラですし
光熱費なんかも高い月もあれば低い月もある
夏や冬はエアコン代高いですよね
たしかに…
う〜ん
電気代（円）
10000円
5000円
0円
春 夏 秋 冬
こうなると月にいくら貯金できるかわからないんです
そこでこのシートの登場です
家計状況 （平成 年 月分）
様
（ 月 日～ 月 日まで）
収入
費用 金額
給料（本人）
給料（配偶者）
給料（ ）
自営業収入（本人）
自営業収入（配偶者）
自営業収入（ ）
年金（本人）
年金（配偶者）
年金（ ）
児童手当
生活保護
他からの援助
援助者（ ）
その他
支出
費用 金額
家賃
住宅ローン（毎月）
〃（ボーナス加算）
食費
電気
ガス
灯油
水道
電話代（固定）
〃（携帯電話）
インターネット料金
新聞代
NHK
生命保険
自動車ローン
車の保険料
ガソリン代
生活日用品
医療費
教育費
交通費
被服費
交際費
娯楽費
ひと月分の収支を簡単にまとめられるようになっています!

へ～
家賃なんかの
固定費や食費が
支出項目に
入ってるんですね
けっこう
細かい…
あれっ？
国保や住民税
年金もある
小遣い
円 嗜好品
円 理・美容室
円 化粧品代
円 ペットえさ代
円
円 国民健康保険
円 住民税
円 年金
円 滞納金の返済
円 借金の返済
今月の支出
ドン
それに借金や
滞納金の返済も
支出に入ってる!?
はい！
これらはまとめて
支出で計算したほうが
楽なんです
支出
・国保
・住民税
・年金
収入
・補助金
・助成金
・手当
（生活費として使っている場合）
また
児童手当なども
生活費として
使っている場合は
収入として
計算します
へー
すべてを書き込んだら
あとは収入と支出の
合計を出し
その差し引きで
月に貯金できる額が
見えてくる
というわけです
月の平均収入－月の平均支出
＝
貯金できる額
なるほど！
わかりやすい！
おぉー

それではまず
とのさんの今年の
収入見込みから
月の平均収入を
出していきます
ふむ
平均月収は
22万円ですね
さら
さら
なんという
手際のよさ…!!
次は支出を
どんどん出して
いきましょう
まず
食費から
見ていき
ましょう
月の平均を見て
いくらぐらい
必要そうですか?
3万円
ぐらいは…
こんな感じで
すべての項目を
埋めていき…
ついに
二ノ宮家の
支出が出ました
計算の結果…
ドキ
ドキ

収入
ド
415,000円
ン
41万5千円
支出
ド
338,000円
ン
33万8千円
その差額
7万7千円!!
ド
ン
つまり
とのさんはきちんと
支出を管理できれば
黒字になるんです

なっ
ズガーン
7万7千円…！
パァー
じゃぁ この7万7千円で生命保険に入ったり
貯金もできちゃうってこと!?
あ
あ
あ
あ
あ
あ
あ
その通りです！
キラン
ワァァァァァ
やったー!!

コラム

ギリギリの家計でも必ずできる！

ムリのない貯金可能額の出し方

横山先生に相談に行くまで、二ノ宮家は毎月の収入や支出がバラバラで、家計の把握もろくにできていませんでした。

今回、うちの場合はいくら貯金に回せるのか、今後必要になる支出（返済金や保育料）を含めてシミュレーションしてみて、その結果にびっくり！

固定費やムダづかいを減らすことで、7万円以上も手元にお金が残ることがわかったのです！

ずっと「貯金できる余裕はない」と決めつけていましたが、この結果を見て、「うちでもちゃんと貯金できるんだな」と考えが一変しました。

みなさんもぜひ、ご家庭で可能な貯金額を出して

すべてを書き込んだら あとは収入と支出の 合計を出し
その差し引きで 月に貯金できる額が 見えてくる というわけです
月の平均収入－月の平均支出 ＝ 貯金できる額
なるほど！ わかりやすい！
おぉー

みましょう。
左の図は、横山先生に出してもらった「二ノ宮家の家計状況」です。
※1の項目の金額は、うちの収支平均をもとに、これから必要になる支出（返済金や保育料）を加えて計算したものです。やはり手元に残るお金はほとんどなく、貯金など不可能な状況だとわかります。
そこで、どの費目の支出を抑えられそうか、現実にできる節約を考えながら再度シミュレーションしたのが、※2の項目の金額です。

最初に言われたのが、「固定費の見直し」。**家賃や各種保険料、通信費など、毎月かかるお金を抑えるのが家計見直しの鉄則だとか！**
次に食費などの「変動費」を確認しますが、うちは娯楽費だけで月3万円もあると判明し、おこづかいとまとめて月1万1千円にしました。
また、忙しい時はつい外食したり、友人との飲み会で都内に出かけて交通費がかかったりと、変動費がふくらみがちでした。そこで、なるべく家で食事をするようにして、さらに仕事で外出する日と友人と遊ぶ日を合わせることで、大幅に変動費を削減できました。

収支（二ノ宮家）

費目		Before ※1		After ※ 2	増減額
収入	夫の手取り月収	¥220,000		¥220,000	¥0
	妻の手取り月収	¥180,000		¥180,000	¥0
	その他の収入（児童手当）	¥15,000		¥15,000	¥0
	①世帯収入合計	¥415,000		¥415,000	¥0
固定費	住居費	¥66,000		¥66,000	¥0
	通信費（ネット+スマホ代）	¥20,000	⇒	¥11,000	-¥9,000
	生命保険料	¥0		¥0	¥0
	教育費（保育園）	¥48,000		¥48,000	¥0
	おこづかい	¥0		¥11,000	+¥11,000
	国民年金	¥17,000		¥17,000	¥0
	税金（住民税+国保）	¥27,000		¥27,000	¥0
	返済金（奨学金含む）	¥40,000		¥40,000	¥0
変動費	食費（嗜好品代含む）	¥43,000	⇒	¥27,000	-¥16,000
	交通費（通勤代含む）	¥27,000	⇒	¥20,000	-¥7,000
	被服費	¥8,300	⇒	¥4,000	-¥4,300
	交際費（ランチ代含む）	¥26,000	⇒	¥21,000	-¥5,000
	水道光熱費	¥16,000		¥16,000	¥0
	生活日用品代	¥10,000		¥10,000	¥0
	医療費	¥5,000		¥5,000	¥0
	自動車関連費	¥0		¥0	¥0
	娯楽費	¥30,000	⇒	¥0	-¥30,000
	その他	¥20,000	⇒	¥15,000	-¥5,000
②支出合計		¥403,300	⇒	¥338,000	-¥65,300
収支の差額①−②		¥11,700	⇒	¥77,000	

↑ 貯金可能額

収支（二ノ宮家）

シートに記入できたら、収支の差額を出します。もし、貯金がまったくできそうにない場合は、収支のバランスを見直す必要があります。

まずは、「固定費」を見直しましょう。特に通信費は、格安スマホに変更するだけで、支払いが半分以下になることもざらです。

次に、食費や水道光熱費などの「変動費」をチェックしましょう。

もし食費が高い場合は、安さにつられて、いらないものまでまとめ買いしたり、デパ地下の高級惣菜をよく買っていたりしないかなど、変動費の中で**「浪費」に当たる支出がないか探してみましょう。**

最後に、横山先生が考案された「理想の家計バランス」を紹介します。ライフスタイル別に、**支出全体で何にどのくらいの割合で使うとよいかがわかります。**

二ノ宮家もなかなかこの通りにはいきませんが、参考にしてみてはいかがでしょうか？

ではさっそく、あなたの家計状況を分析してみましょう。まず、3話で計算した収支の平均額を左のシートに記入してください。

実際にシミュレーションしてみよう！

費目		Before	After	増減額
収入	夫の手取り月収			
	妻の手取り月収			
	その他の収入			
	①世帯収入合計			
固定費	住居費			
	通信費（ネット+スマホ代）			
	生命保険料			
	教育費			
	おこづかい			
変動費	食費			
	交通費			
	被服費			
	交際費			
	水道光熱費			
	生活日用品代			
	医療費			
	自動車関連費			
	娯楽費			
	その他			
②支出合計				
収支の差額①−②				

↑ 貯金可能額

ライフスタイル別 理想の家計バランス

夫婦+小学生1人、中学生1人		
家計費内訳	理想割合	理想の金額
手取り	100%	¥350,000
住居費	25.0%	¥87,500
食費(外食含む)	16.0%	¥56,000
水道光熱費	7.0%	¥24,500
通信費	4.0%	¥14,000
生命保険料	6.0%	¥21,000
生活日用品	3.0%	¥10,500
医療費	1.0%	¥3,500
教育費	4.0%	¥14,000
交通費	3.0%	¥10,500
被服費	3.0%	¥10,500
交際費	1.0%	¥3,500
娯楽費	2.0%	¥7,000
嗜好品	1.0%	¥3,500
おこづかい	10.0%	¥35,000
その他	3.0%	¥10,500
預貯金	11.0%	¥38,500
支出計	100.0%	¥350,000

夫婦+未就学児		
家計費内訳	理想割合	理想の金額
手取り	100%	¥350,000
住居費	25.0%	¥87,500
食費(外食含む)	14.0%	¥49,000
水道光熱費	7.0%	¥24,500
通信費	3.0%	¥10,500
生命保険料	6.0%	¥21,000
生活日用品	3.0%	¥10,500
医療費	1.0%	¥3,500
教育費	6.0%	¥21,000
交通費	1.5%	¥5,250
被服費	3.0%	¥10,500
交際費	1.5%	¥5,250
娯楽費	2.0%	¥7,000
嗜好品	1.0%	¥3,500
おこづかい	10.0%	¥35,000
その他	3.0%	¥10,500
預貯金	13.0%	¥45,500
支出計	100.0%	¥350,000

単身者		
家計費内訳	理想割合	理想の金額
手取り	100%	¥200,000
住居費	27.0%	¥54,000
食費(外食含む)	15.0%	¥30,000
水道光熱費	6.0%	¥12,000
通信費	2.0%	¥4,000
生命保険料	3.0%	¥6,000
生活日用品	2.5%	¥5,000
医療費	1.0%	¥2,000
教育費(自分の)	4.0%	¥8,000
交通費	2.5%	¥5,000
被服費	3.5%	¥7,000
交際費	7.5%	¥15,000
娯楽費	3.0%	¥6,000
嗜好品	2.0%	¥4,000
その他	4.0%	¥8,000
預貯金	17.0%	¥34,000
支出計	100.0%	¥200,000

DINKs		
家計費内訳	理想割合	理想の金額
手取り	100%	¥350,000
住居費	25.0%	¥87,500
食費(外食含む)	13.0%	¥45,500
水道光熱費	6.0%	¥21,000
通信費	3.0%	¥10,500
生命保険料	2.0%	¥7,000
生活日用品	1.5%	¥5,250
医療費	1.0%	¥3,500
教育費(自分たちの)	4.0%	¥14,000
交通費	1.5%	¥5,250
被服費	3.0%	¥10,500
交際費	2.0%	¥7,000
娯楽費	2.0%	¥7,000
嗜好品	1.0%	¥3,500
おこづかい	10.0%	¥35,000
その他	3.0%	¥10,500
預貯金	22.0%	¥77,000
支出計	100.0%	¥350,000

※上記は一例です。年収や家族構成、年齢によって、割合は多少変動します。

第５話

借金とは「うまく長く付き合え」って、どういうこと!?

第5話

前回の家計相談で
7万7千円
貯金に回せることが
発覚した との
黒字だ～
貯金できる～
あ あ あ あ あ あ あ
絶対赤字だと
思ってたのに
黒字だったなんて
これはすでに
家計の危機を
脱出したと言っても
過言ではないのでは…!?
はっ
あの…
ちょっと
質問いいですか
なんでしょう?

7万7千円も
余裕があるなら
ガッ
それを借金と
滞納金の返済に
回したほうがいいと
思うんです
タ
利子も
バカにならないし
できるだけ早く
返してしまうべきかと
とのさん！
それは
違いますよ！
キラーーーン
ガ〜〜ン
えっ
パンッ
とのさんは
借金や滞納金とは
「うまく」そして
「長く」付き合う
べきです
カチャ
なっ!?

借金と
うまく長く付き合う…
ですか？
……
キラン
ふふふ…
そうです！
それって一体
どういうこと
ですか？
借金を先に返したほうが
いろいろ
うまく回るんじゃ…
とのさんは今
貯金ゼロですよね
先ほどの
7万7千円全額を
返済に当ててしまい
お金が一切手元に
ない状態をイメージ
してください
空
えっ？
その状態でもし
ご家族が重い病気に
かかってしまったら？
ぐはっ
嫁ちゃん!?
あっ！

最新の医療で助けてください!
お金ないと無理です
ズモモ〜ン
それはやばいです…
ひぃ…
さ
でしょう
とのさん
不測の事態に備えて手元にお金を残しておくことは大事なことなんです
キリッ
もちろん借金や滞納金はいいものではないので
早く返してスッキリしたいって気持ちはわかります
借金
滞納金
そのほうが利息が少なくて済むのは事実ですし
ズーン
ドキ

でも
お金というものは
もっと俯瞰《ふかん》して
考える必要が
あるんです
START
小・中学校
大学入学
高校入学
結婚
息子誕
今は目先の借金が
気になるかも
しれませんが
人生は長いです
借金
病気
息子が大学に入学
この先
病気になったり
子供が私立の大学に
入ったりする
かもしれない
人生
何が起こるか
わかりません
備えあれば
憂いなしです！
キラン
た、たしかに…
ドキ
おー!!
フワッ
あ

このとき長く胸につかえていたものが取れた気がした
ポッ
ずっと借金は早く返済すべきものって思ってたからな
しばらくよろしくー
ぶんぶん
借金
どうも
まさか長く付き合うなんて選択肢があるとは…
もう焦って無理に返そうとするのはヤメだ！
これからは返済より貯金を頑張るぞ！
カチャ
あ
ちなみに…
滞納金の返済額に関しては役所に行って相談してくださいね
年金
住民税
国民健康保険
役所
ドン
役所へ相談
キラン
えっ相談なんてできるんですか!?

さっ
明らかな理由がないのであれば難しいでしょうね
ですが…
とのさんの場合は収入が不安定だったり
奨学金の返済もあったりと
キラーン
滞納の理由もはっきりしているので大丈夫だと思います
なんだかんだお役所ですしね
おおーー!!
パァー
現状だとシートの支出に入っているのはあくまで仮の返済額です
仮の返済額
国保…10000円
住民税…10000円
年金…16000円
国民健康保険や住民税には延滞金もついているので一刻も早く相談したほうがいいです
なるほど
わかりました! すぐに相談してみます!
そんなこんなで…

一回目の家計相談は無事終了した
今回はありがとうございました!
ペコリ…
次回は妻もお願いします!
はいお待ちしております
今回の家計相談ではいろいろな発見があった
家計状況
77,000円の黒字
ちゃんと計算すればうちの家計が黒字になること
そして借金や滞納金はただ早く返せばよいものではないこと
貯金しながら
長く付き合う
借金
一回の家計相談でこれだけの収穫は期待以上だった
キラーン
チャッ
さすがお金のプロフェッショナル!
こんな僕でも変われそうだと思うことができた

後日
すぐに電話をして
保険年金課と
税制課にアポ取り
ドキ
ドキ
プルルル
ガチャ…
あの…税金の
返済額について
相談がありまして…
ドーン
役所
いざ
役所へ！
面談は
保険年金課と
税制課の方が
一緒にされることに
よろしく
お願いします
どうも
保険年金課の人
キリ
税制課の人
緊張する…
うっ…
最初はかなり
しつこく一括返済を
求められたが
早く返した
ほうがいい
です！
あなたの
ためですよ
ドン
こちらも
収支をまとめた
資料を用意し
分割して
もらえるよう
必死で粘り
うちの
収支を
まとめた
ものですが
今この状況で…
はぁ～…

わかりました この収支を考慮した上で 返済額を決めましょう
ふー……
トントン
なんとか 返済額を分割に してもらえることに
ほっ
予定より若干 返済額は上がって しまったものの
※ちなみに年金は 任意の金額での 分割払いは できないそうです
5万円は 貯金や保険に回せるよう 取り計らってもらえた
ぐっ
先が見えず 絶望しかなかった うちの家計に
一筋の光が さしたような 気がした
はぁ――…
嫁ちゃん ただいま～
ガチャ
おす…
おかえり～ 役所どうだった?
だいぶ 嫌な顔されたけど ちゃんと分割で 払うって条件で 納得してもらえたよ
つかれた…
はは…
それは よかったねー!
これで滞納金も 返していけるし うちの家計も なんとかなるよね
はは…
ポリポリ
う、うん そうだといいな

前に進みはじめた
二ノ宮家だったが
……
ごはん食べよー
どうしても拭えない
不安要素が**ふたつ**ある…
ひとつが
嫁ちゃんの
お金オンチぶり
リボ払いで
80万の借金
滞納金
たくさん
お金の
管理苦手
ギャー
浪費癖
ソシャゲで
月5万円の課金
キャッシング
15万円
ふたつめは
二人でうまく
お金の話が
できないこと
いまだに収入は
別々に管理していて
何を買ったか
話そうにも
途中で
ケンカになってしまう
バチバチ
今月の収入は
何に使ったの?
いいじゃん
化粧品とか
自由に
買っても!
バチバチ
どうにかしたいとは
思ってるんだけどな…
どうした
もんか…
う〜ん
次回
嫁ちゃんと一緒に
FPさんに会いに
行きます
どう
したの?
はやく
食べよ
果たしてとのは
嫁ちゃんと
お金の価値観を
すり合わせる
ことができるのか?

コラム

将来のお金を貯めながら返す

借金や滞納金との付き合い方

当時の二ノ宮家では、収入が多く入った時は貯金に回すのではなく、できるだけ借金や滞納金の返済に当てるようにしていました。

今回、横山先生に「約7万円を貯金や保険に回せる」と言われた時、真っ先に「利息がつく借金をとにかく返すべきなのでは？」と思いました。

自分の中で、借金＝悪いものだというイメージが強く、「早く返してしまいたい」「利息がもったいない」という強迫観念がありました。

僕にとっては、借金がなくなること＝よいこと、家計にとって最善の策だと思っていたのです。ですが、その考え方は大きく間違っていたことを知りました。

貯金するより
借金返済にお金を当てるほうが大事なのでは？

まず、**僕のマネー感覚が致命的だったのは、「将来のお金について何も考えていなかったこと」です。**

長い人生の中では、病気で入院したり、子供が塾に通いたいと言い出したりなど、突然お金が必要になることがあるかもしれません。

そんな大事な時に、**手元にお金がないという状況を僕はまるで想像していませんでした。**

横山先生から聞いた話では、住宅ローンなども同じで、利息がもったいないからと**一括で返済をしてしまい、あとでお金が必要になって困る**というケースはよくあるのだそうです。

僕は今回の相談で、お金を貯めながら「借金とうまく付き合う」方法もあるということを教えてもらいました。

今では家計の現状に合わせて、貯金しながら返済もできるよう考えてお金を回しているので、少しずつですが、きちんと貯金できています。

返済の意思を伝えるのが重要！

役所に滞納金の相談をしよう

今回、横山先生にお話を聞くまで、税金や社会保険料などの滞納金について、役所の担当窓口に相談したことは一度もありませんでした。

役所ののこのこ出かけていったら、よけいに催促されるのではないか、怒られるのではないかと不安でいっぱいでした。

勇気を出して相談しても、冷たい対応をされるかもしれないと思ったら、なかなか一歩が踏み出せなかったのです。

そんなわけで、ようやく重い腰を上げて訪れたのですが、**役所の方々の対応は、僕の想像とはまったく違い、とても丁寧でわかりやすいものでした。**

最初こそ、「一括で支払ったほうがいい」と杓子《しゃくし》定規に言われたものの、家の事情を説明したら、きちんと耳を傾けてもらえたのです。

それでも、1年以内の完済を目安に住民税と国民健康保険料を合わせて、月々

6万円を返済してほしいと言われたのですが、とても6万円ものお金を捻出《ねんしゅつ》する余裕はありませんでした。

そこで、「他にも返済する借金があること」を説明し、「今年の住民税も同時に納めること」を条件に、2年間で分割しての返済（月々の支払いは3万円）をようやく許してもらえたのです。

払うべきお金を滞納するのは恥ずかしいこと、悪いことだと思うと、ついついその事実から目をそらしたくなりがちです。

でも今となっては、相談してみて本当によかったなと思っています。おかげで、滞納金を前向きに返していこうという心境になれました。

役所勤めの友人に聞いた怖い話

ちなみに、役所や人によっても対応は違うようですが、**税金の滞納は放置しておくと大変なこと（差し押さえなど）になるので、必ず早めに相談に行きましょう。**

二ノ宮家の
NG言動その2

第6話

お金の「正しい使い方」を教えてください！

第6話

今日はいよいよ
嫁ちゃんと一緒に
家計相談に行く日
おーす
嫁ちゃーん
ピコピコ
ピコピコ
はぁ~S子ちゃん
サイコ~~~~❤
アイドル育成ゲーム
またそのソシャゲか…
ピコピコ
ほら、そろそろ
横山さんとこ行くよー
じゅんびしてー
ビクッ
ムクッ
……あのさ…
?
との
やっぱ行くの
やめちゃダメ?
オズオズ
ウツロウツロ…
ガーン
ええ――――ッ!?

なんでっ!?
Why!!
えええええー
だってさ…
ボソ…
向こうは私のやらかしたこと知ってるんだよね
リボの失敗も…
オロオロ
…そう、このマンガは昔**嫁ちゃんがリボで80万円借金**した話をきっかけに始まった
80万+15万=95万!
ズギャーン
リボーーーーッ!!
ぐわっ
80万円以上あったの!!
ダバー
なばっ…
そのことは当然相談相手の横山さんにも伝わっている
それを思うとしんどくて…
ズ〜〜〜ン
気持ちはわかるけど…
う〜〜ん
はあーー…
きっとすごいバカ女って思われてる…
だから旦那だけで行ってきてよ帰って教えてくれれば言うこと聞くから…
ごめん!!
いやいやいやいや!!
ちょっと!!
ちょっと!!

僕たち、いつもそれで失敗してきたじゃないか！
今回こそ二人で頑張らないと！
うーん でも…
……嫁ちゃん
どうしよ…
僕、この機会を逃したらもうダメな気がしてるんだ
ぐぐっ
だから…
一生のお願い！
ガバッ
一緒に来て!!
なぬっ
旦那っ!?
わかった わかったから
お願いだよ～
行くよ 行くから
ごめん ごめん

1時間後
横山さんのオフィスに到着
「最終奥義
土下座」を使って
ビクビク
なんとか嫁ちゃんを連れてくることはできたが…
キョロキョロ
ここからが正念場だ！
ゴゴゴ
必ず家計再生のきっかけを持ち帰ってやるんだ!!
ゴゴ
ガチャッ
どうもとのさん
キラーン
二週間ぶりですね
株式会社マイエフピー
横山 光昭さん
そちらは奥さんですね
ガタッ
は、はひぃ！
ドキン

今日はどんな…
あ、あの！
ぐ
わっ
ちょっと
ドキドキ
僕たち
前回の家計相談で
家計の全体像
借金
借金との
付き合い方
家計の全体像や
借金との付き合い方は
わかりました
でも
これまでと同じような
お金の使い方をしてたら
支出が
30万円だって!?
家賃 66.000
合計 300.000
借金!!
ストレスで
老けた…
まさか家に
こんなに負債が
あったとは……
418万+100万
=
518万!!
ゲーム
課金等の支出
約5万円
また
同じ失敗を繰り返し
ちゃうと思って…
だから今日は
お金を
正しく使う方法を
学びたいんです！

なるほど！
それはよいですね
グッ
じゃあ今日は
三人でその方法を
考えていきましょう！
はい！
おぉーー!!
「同じ失敗」って
具体的にはどのような
ことですか？
キラン
例えば
主に嫁ちゃんなんですが
趣味にお金を
使いすぎちゃ
ったりします
ボン
はぁ……
ちょっと！
奥さんの
趣味ってなんですか？
えっ
ビクッ
そ、ソーシャル
ゲームです
もじもじ
月にどれくらい
使うんですか？
………
えーと…
5万くらいです

使いすぎはよくないって言ってるんですけどね
ムッ
私も使いすぎたのは悪いなと思ってるんです
オロオロ
でも課金しないと欲しいものが手に入らないし…
しゅん…
ふーむなるほど
僕はいいと思いますけどね
ニッコリ
ソーシャルゲームにお金を使っても
キラン
なぬ
えっ!?
もちろん家計を圧迫するのはよくないですが
決められたお金の中でやるなら**ギャンブル**だっていいと思います
ガタッ
ギャンブルもですか!?

何にお金を使ったかも大切ですが
それよりも…
大事なのは**バランス**です！
キラーン
収入に応じたバランスで各人が好きなお金の使い方をするのはかまいません
収入とのバランスを考えてお金を使う！
それを無視して使いすぎてしまうのがよくないんです
キラン
ピッ
おぉー
なるほど
ちなみに今お二人の収入はどう管理しているんですか？
さっ
お互いが別々に管理しています
で、あれば
一般的な方法ではありますが…

おこづかい制を取り入れてみましょう
おこづかい制
これ今月分のおこづかい
わーい
二人の収入はとのさんが一括管理して
毎月決まった額を「おこづかい」として奥さんにお渡しするんです
ピッ
生活費や固定費などの支払いは収支を把握しているとのさんがやり
との
支払いはまかせろ!
生活費、固定費の支払いを管理
嫁ちゃん
（お金苦手）
これなら簡単だー
パァー
趣味だけを考えればよい
奥さんは自分の趣味をおこづかい内でやりくりすることだけ考えればいいので管理がぐっと楽になります
おおーー!! なんかよさそう
嫁ちゃんはどう!?
くる
ガタッ
う～ん
そうだなぁ…
自分のお金を自由に使えなくなると化粧品とかはどうなるんだろ…
化粧品
おこづかいだけで足りるかな…?

そういった生活やお仕事に必要な出費は
おこづかいからではなく家計のほうから出しましょう！
キラーン
奥さんはあくまで趣味だけにおこづかいを使ってもらう感じで
とのさんもどうでしょう？
もちろんです！
ホント!?
そっか…
ポリポリ
それなら考えてみようかなおこづかい制…
ドーン
ホント!?
よっしゃ――っ!!

コラム

収支バランスを考えてお金を使おう

ムダづかいだってしていい!?

当時は、ギャンブルや娯楽にお金を使うのは、すべてムダづかいだと考えていました。だから、ソーシャルゲームへの課金や、アニメのグッズを買い漁《あさ》るのをよくないことだと、必死に嫁ちゃんを押さえつけようとしていたのです。

でも、**「収支のバランスを考えて決められた額の中でするなら、ギャンブルも悪くない」**と横山先生から言われて、目からウロコが落ちました。

ただ禁止するのではなく、**嫁ちゃんの価値観と向き合い、いくらならお金を自由に使ってよいのかルールを決めることが大切**なのだと気づかされました。

おこづかい制を定着させたい！

実は以前にも、二ノ宮家では「おこづかい制」を導入しようとしたことがありました。嫁ちゃんに対して、「おこづかいは月2万円（ランチ代含む）まで」「カードは使う前に報告する」「カードで使ったお金は、とのに現金で返す」というルールを作ったものの……。

結果は惨敗。「報告がいちいち面倒」「縛られてお金を使っている感覚がイヤ」といった理由で、続けられなかったのです。

結局、嫁ちゃん周辺のお金の流れが見えず、どうしていいのかわからないまま、僕の日常は将来への不安と恐怖で押しつぶされそうでした。

今回は、横山先生に教えていただいたストレスフリーの「おこづかい制」のおかげで、見事に定着できました！

新おこづかい制のポイント

新たなおこづかい制の導入にあたって肝になったのは、嫁ちゃんに**「自分では、何も決めさせてもらえない」という不満を抱かせないこと。**

以前は、美容費も含めて2万円をおこづかいとして渡していたので、月によってはゲームなどに使える娯楽費が減ってしまったのも、おこづかい制が定着しなかった理由のひとつです。

今回のポイントは、**「ランチ代や美容費、交通費など、嫁ちゃんの必要経費」は家計（二人の収入）からお金を出してあげること。**

そして、「ソーシャルゲームの課金やグッズ購入などの娯楽費」だけをおこづかいとして渡してあげることです。

さらに、**嫁ちゃんがおこづかいを何に使うかには一**

切口を出さない、というルールを設けました。

おこづかいを純粋に娯楽のためだけに使えるので、**嫁ちゃんはお金に対してストレスを感じることも減り、のびのびとお金を使えるようになりました。**

一方、僕のほうも、「化粧品がなくなったので買いたい」など、嫁ちゃんから申告があった時に、家計から必要経費を渡してあげるだけでよいので、**イライラが減ってお金がらみのケンカは全然しなくなりました。**

ちなみにうちの場合、友達との飲み会や先輩上司との会食は、月に2回までは家計から出すことに決めています。

「前は、お金が心配で断ることもあったから、今は本当にラク」と嫁ちゃんも喜んでくれています。ストレスなくニコニコして飲み会などに出かける嫁ちゃんを見るのは、僕としても気持ちがいいです(笑)。

また、洋服を買う時はまとまったお金を一度に渡すのではなく(他の用途にお金を使ってしまわないように)、**衣服代に1ヶ月いくら使えるかを計算して、3ヶ月に一度、家族で買い物に出かけた時にまとめて購入する**ことにしています。これにより、使いすぎがなくなりました。

うちの場合は、月に4千円程度を衣服代と決めているので、3ヶ月で合計1万2千円ほどの買い物ができる計算になります。

嫁ちゃんみたいにお金の管理が苦手な人には、**お金の使い方を制限したり任せたりするのではなく、単純なルールを決めてお金について考えるストレスを減らしてあげること**が大切です。

美容費は必要に応じて家計から出すなど、ルールを決めておくとスムーズになるので、ぜひ試してみてください。

おこづかい制ってすばらしい!!
んば?

おこづかい制で変わったこと

おこづかい制のメリットは、ズバリ**「家計管理がしやすくなること」**。世帯の収入と支出をひとまとめにすることで、家計全体を俯瞰《ふかん》して見られるので、何にいくらお金が使えるのかを考えやすくなりました。

家計が把握できれば、将来への不安も減り、心に余裕が生まれます。嫁ちゃんもお金で悩むことが減り、「今月のおこづかいは、課金じゃなくて映画に使おう」などと簡単な部分からではありますが、**決められた中でお金をどうやりくりするかを考えられるようになってきました。**

おこづかい制は、お金の流れを見えやすくするだけでなく、僕や嫁ちゃんに改めて**「上手なお金の使い方」を教えてくれた**ような気がします。

励まし下手

結局、嫁ちゃんに
許してもらえるまで、
数ヶ月かかりました……。
かなり傷つけたようで、
申し訳なかったです（汗

第７話

クレジットで失敗しがちな人の強い味方「デビットカード」とは？

前回
おこづかい制を
提案してもらった
とのと嫁ちゃん
よかった〜!!
ニコ
ニコ
嫁ちゃんも納得し
うまくいくかのように
思われたが…
あっ
はっ
でも課金って
クレジットカード
でしかできないよね
それだと私
またいくら使ったか
わからなく
なっちゃうかも
げげっ
たしかに!
どうしよ
ふり出しに
もどって
しまった…
ふふふ…
とのさん
クイッ
ど、どうか
したんですか?

クレジットカードで
失敗しがちな人に
うってつけの
ベストな解決策が
あるんです！
キラーン
えっ!?
なんですか？
それはズバリ！
デビットカード
です!!
ドド
VISA
Debit card
デビットカード!?

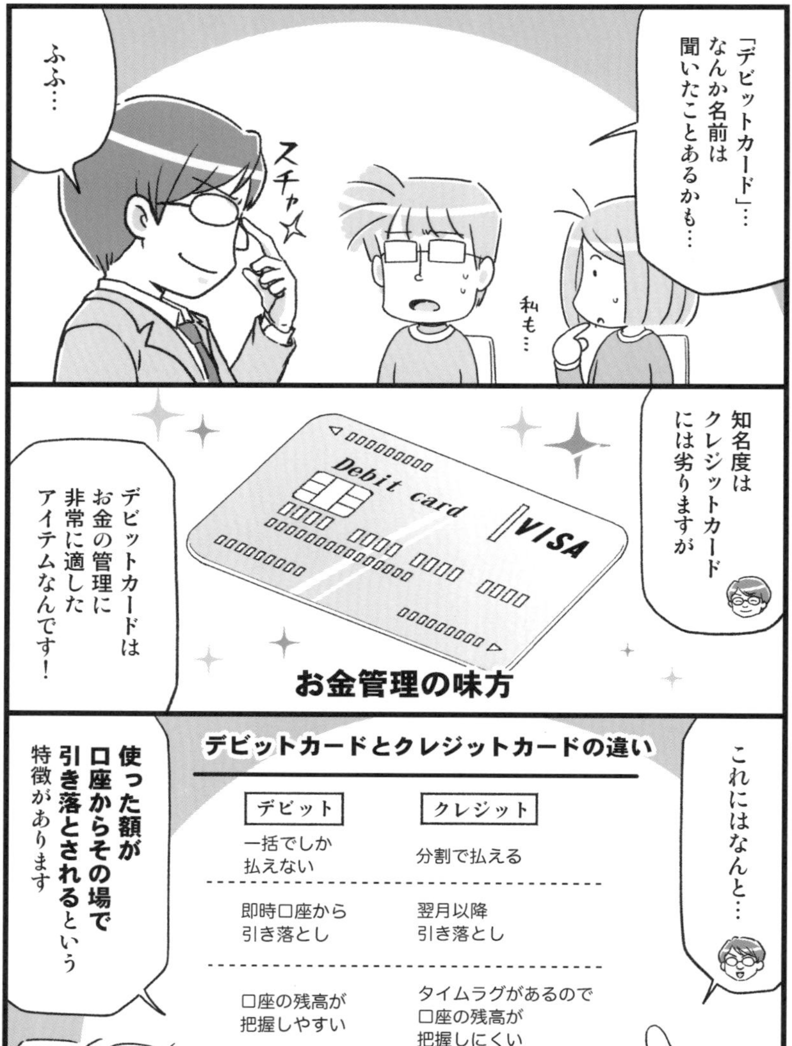
「デビットカード」…なんか名前は聞いたことあるかも…
私も…
スチャ☆
ふふ…
知名度はクレジットカードには劣りますが
Debit card
VISA
デビットカードはお金の管理に非常に適したアイテムなんです！
お金管理の味方
これにはなんと…
デビットカードとクレジットカードの違い
デビット
クレジット
一括でしか払えない
分割で払える
即時口座から引き落とし
翌月以降引き落とし
口座の残高が把握しやすい
タイムラグがあるので口座の残高が把握しにくい
口座にお金がないと使えない
口座にお金がなくても使える
使った額が口座からその場で引き落とされるという特徴があります
ピッ

通常のクレジットカードであれば
奥さんが以前失敗した「リボ払い」などで限度額まで際限なく使えてしまいます
クレジットカード
限度額までお金が使えてしまう
デビットカード
口座にある額以上お金を使えない
しかしデビットカードにはそういった機能がないので
そもそも「使いすぎる」ということができないのです
ドン
……!!ということは…
そうです
つまり…
カチャ…
口座の入金額を調整することで、自分で使用上限が設定できるのです!
な、なるほど!!
おぉーー!
キラン
またリアルタイムで残高が変わるので
クレジットカードよりお金の管理も簡単です
アプリで残高もチェックできます
キラン
すごいよ!!
こんな便利なものがあったなんて!!
すげーー!!
ガタ
うんうん

ちなみに
デビットカードのなかでも
「ブランドデビットカード」が
オススメです
キラン
デビットカードには
2種類ある
オススメ
ブランドデビットカード
加盟店は
4000万ヶ所以上
24時間
使用できる
ネットの決済に
使える
J-Debit
加盟店は
45万ヶ所以上
使える時間帯が
限られる
ネットの決済に
使えない
ブランドデビットカードの場合は
VISAやJCBなどの
決済機能を利用しているので
ソーシャルゲームでも
使用可能です
おこづかいは
デビットカードと
現金を半々くらいで
渡せば
ソシャゲと普段使いの
お金の使い分けも
できると思いますし
奥さんには
オススメですよ
おぉー!!
私、人生でおこづかい
もらったことなかったから
お金の管理とか
よくわかってなかったけど
これなら
私にも使えそうかも
うんうん
今までの
とのさんの家計には
収入
収入が入る
お金ー!!
お金を
使いすぎて
収入がゼロに
ズシッ
借金
…
さらにカードを
使って借金に
収入があっても
お金を使いすぎて
ゼロにしてしまったり
さらにカードなどで
借金を作るという
負のサイクルが
ありましたが…

それが今回の二つの導入で
使いすぎと借金作りの芽を摘み
よいサイクルを作ってくれると思いますよ
キラーン
おこづかい制が使いすぎをカバー
グッズ
CD
ソシャゲ
もや
もや
うぅ…欲しいものたくさんあるけど
おこづかい考えて我慢しよう
デビットカードが借金をカバー
それ以上はお金がないので使えません!
デビット
NO借金
ビシ
げげっ
おお――――ッ!!
すごいよ旦那!!
すげぇ――!!
うんうん
これならうちでも実践できそうだしね!
これでお金の使い方は完璧に…
あっ!?
あの…
…実はもう一つどうしてもお聞きしたいことが…
ズ〜ン
まだあるの
ほう
なんでしょう?

それが…
その…
ボン…
僕たち
いまだに
夫婦で
お金の話がまったく
できないんです!!
バッ
ええっ
理由はおたがいの
お金に対する感覚の
ズレだったり
話のタイミングが
悪かったり
いろいろなんですが
パァ―…
話ができない理由
感覚のズレ
貯金したい
投資したい
お金の話を
したい
あんまり
お金に
興味ないっ
タイミングが悪い
お金の話
しよ!!
今
忙しいから
ムリ!
お金について話すたび
ケンカになるので
なかなか建設的な
話ができず……

なるほど
お二人でちゃんと
お金の話ができる
ようになりたいと…
旦那…
そうなんです
それでなにか
いい方法はないかと…
ははは　まぁ
感覚のズレについては
あって当たり前ですよ
夫婦といっても
他人なんで
キラン
無理に
すり合わせる必要は
ないと思いますよ
うちだって
そうです
えっ！
そうなんですか!?
ただタイミングという
観点で言えば…
ピッ
「家族
マネー会議」の
開催をおすすめ
します
家族
マネー会議…？
なんですかそれ

簡単に言えば月の収入や支出
家族マネー会議の内容
・月の収入や支出について
・次の月に欲しいもの
・その他おこづかいの話など
次の月に何が欲しいかなど家族で話し合う場です
おぉ
でもそういう雰囲気作りというか
お金の話をするぞって空気を作るの難しくないですか？
うんうん
ええですから
毎月この日！と日にちを決めてしまうのが大事なんです！
キラン
僕の家でもやってるんですが
うちは毎月「給料日のあとの金曜」を家族マネー会議の日に設定しています
2018年4月の場合
Sun Mon Tue Wed Thu Fri Sat
1 2 3 4 5 6 7
8 9 10 11 12 13 14
15 16 17 18 19 20 21
22 23 24 25 26 27 28
29 30
25日…給料日
27日…家族マネー会議
こんな感じでお二人とも必ず参加できる日を決めておくんです
おぉー

私は休みの日がいいなぁ〜
たしかにそうだね
じゃぁ奥さんの給料日あとの初めのお休みの日を家族マネー会議の日にしましょうか
はい!
こうやって日にちを決めればよかったんだね
パァー…
これなら毎回話すタイミングでもめることもないね
おぉー
とりあえず今日決まったことをまとめると…
・おこづかい制にする
・デビットカードを使う
・家族マネー会議を毎月やる
こんな感じになりますね
おぉー
お金の話は将来を考える上でとても大切です
お二人とも今回の相談をきっかけにきちんとお金について話し合えるといいですね
それでは頑張ってください
ありがとうございました!!
こうして二回目の家計相談は終了した

いやー つかれたー
うん もっと怒られるかと 思ったけど 何もなくてよかった
でもさ 今回やっぱ 行ってみてよかったかな
えっ
結局私 自分が何もやろうと してなかったのが わかったし
私でもやれること あるんだなって
パァー
まぁ最初は嫌々 だったけどさ 相談に行ったおかげで 私も少しは 変わった気がする
ニッ
連れてきてくれて ありがとね

嫁ちゃん…
ホワ
次はいよいよお金会議だね
だねー
そういや特別な出費があった場合はさ…
うんうん
いいねそれ
じゃあ化粧品とかは…
それは…
家計再生のためのたくさんのヒントを得た二ノ宮家
いいねーそうしようか
次回、いざ家族マネー会議へ!!

コラム

家計管理の秘密兵器「デビットカード」

クレジットカードで失敗した人も安心

結婚前、クレジットカードの「リボ払い」の失敗でかなり痛い思いをしたので、嫁ちゃんのクレジットカードを封印したこともあります。

とはいえ、趣味のソーシャルゲームでまったくお金を使えないのもかわいそうだなと、恐る恐るクレジットカードを解禁。

すると、また徐々に嫁ちゃんのカードの支払いが、家計を圧迫しだしたのです。**気をつけていても、やはりうまく使えないようでした。**

そんな時、横山先生から「デビットカード」を教えられました。**二ノ宮家にとって、今や、なくてはならない存在です。**

デビットカードは、嫁ちゃんのソシャゲ課金やクレジットカードの使いすぎといった問題を一気に解決してくれた、まさに我が家の救世主だったのです。

デビットカードのここがいい！

デビットカードの最も優れた点は、クレジットカードと違って、支払いまでのタイムラグがないことです。**買い物をしたら即時決済される**のでお金の流れも把握しやすく、現金のようにカードを使えます。

さらに、「口座残高の範囲内でしか買い物ができない」という制約があります。**「今月はこれだけしか使わないぞ！」**と使用上限額を決められるので、お金の管理にはもってこいです。

しかも、デビットカードは**「一括払い」しか対応していません**。分割払いだとついお金を使いすぎてしまう人にとっては、シンプルな取引しかできない分、むしろメリットになります。

デビットカードはクレジットカードに比べ、アナログ的な要素が強いのですが、それゆえに家計管理に最適なアイテムとなっています。

どこでいくら使ったのか履歴もばっちり残るので、家計簿アプリなどと併せて使うと、**より便利ですよ！**

クレジットカードとデビットカードはこんなに違う!

デビットカード		クレジットカード

vs 支払い方法

デビットカード

分割払いできない
↓　でも……
シンプルなので逆に使いやすい

クレジットカード

分割払いできる
↓　ただ……
手数料がかかる上に使いすぎの原因にも

vs 口座のお金

デビットカード

口座にお金がないと使えない
↓　でも……
使用上限額が自分で決められる

クレジットカード

口座にお金がなくても使える
↓　ただ……
使いすぎて借金になることも

vs 引き落とし

デビットカード

即時引き落とし
↓　でも……
お金の流れが見える

クレジットカード

翌月引き落とし
↓　ただ……
お金の流れが見えにくい

デビットカードはどこで使える？

デビットカードには2種類あり、VISAやJCBなどのついた「ブランドデビットカード」であれば、クレジットカードと同じように普段の買い物やネットショッピング、ソーシャルゲームの課金にも使えます（※公共料金などの支払いは対応していない場合があります）。

クレジットカードの年齢制限は原則18歳以上ですが、**デビットカードは15歳以上なら作れます。**いずれは、息子くんにおこづかい用のデビットカードを持たせて、お金の勉強をしてほしいなと願っています。

家計状況を共有するのに最適

家族マネー会議

マネー会議を始めたことで、僕の収入を含めた家計の収支や仕事の進捗《しんちょく》についても、二人でじっくり話すようになりました。そのおかげで、嫁ちゃんの胸に長らくつかえていた不公平感はなくなったとか。

当時、自分の収入を嫁ちゃんに報告するのは意味がないと思っていましたが、「家計の状況を共有すること」が大事なのだと気づきました。

ムダづかいの多かった嫁ちゃんを注意することも、一切なくなりました。嫁ちゃんも、以前のように怒られる場ではないと認識してくれたのか、今では積極的に家計についての話し合いに参加してくれます。

将来的には、横山先生のお宅のように、息子くんも含めて家族マネー会議をしたいと思っています。おこづかいでは買えない、でも欲しいものがある時は、自分でプレゼンしてもらおうとイメージがふくらみます。

そういう未来がくることが、今は楽しみでなりません。

ニノ宮家の家族マネー会議の流れ

最近では、iPadで作った収支報告を嫁ちゃんにデータで送るようにしています。また月の収支計算がしやすいよう、嫁ちゃんの給料日の次の休日にマネー会議をするようになりました。

全体で5～10分程度

- 月初め、とのが支出を計算する
- 決められた日にファミレスで会議をする
- iPadで作成した収支報告をお互いに確認する
- 家計アプリで資産状況を確認する
- 家計予算と比べて、反省会をする
- お互いの仕事についての報告や雑談など
- 次の月の目標を話し合う
- 次の月に欲しいもの、必要なものを報告（プレゼンも含む）

とののおこづかい

最近では、家計や生活を
改善するのが唯一の趣味に
なっている気がします……（笑）。

第８話

本気でやれば、家計はここまで改善できる！

第８話

前回のお話で
キラーン
おおーー!!
横山さんへの
家計相談は全て
終了した二ノ宮家
一度目の相談では
現在の家計状態の
把握
家計状況
借金の返済や
貯金についての
見直しを
二度目の相談では
おこづかい制に
しましょう!
なるほど
嫁ちゃんと一緒に
お金の使い方や
話し合い方を学んだ
それを元に今回は
自分たちでより細かい
お金のルールを
決めることにした
あれは
どうする?
う〜ん
私は…
それがこちら

二ノ宮家の役割分担
嫁ちゃん
主に自分のおこづかいの管理
買い物はまかせて!
生活用品等の買い物全般
との
二ノ宮家のお金(二人の給料)の管理
支払いはまかせろ!
振り込みや支払い全般
月の収支の把握
貯金や借金の返済について
借金・滞納金の返済
借金
奨学金
月2万円を支払う
滞納金
国民健康保険
1.5万円
住民税
1.5万円
を毎月支払う
国民年金
1.6万円を
2ヶ月に一度
支払う
はーい
支払いお願いします
※滞納分とは別に、毎月の各種税金もちゃんと払います
貯金
ATM
貯金用の口座に毎月最低3万5千円を入れる
収入が多い月は貯金額を増やす
年間の月平均貯金額5万円を目指す

生活費

毎月2万円を
生活費用の
デビットカードに
入れる

食品や備品は
このデビットカードで
支払いをする

基本は全部
カード払い

買い物したものや
残高はアプリで
確認する

嫁ちゃんには
「家族カード」を渡して
買い物してもらう

家族カード
(デビットカード)

家族カードとは？

支払いしかできない
一部の地銀が発行している
デビットカード
引き出し、預け入れは不可

嫁ちゃんのおこづかい

特別な出費

- カードが使えない店での生活用品の購入費
- 上司との会議費
- 化粧品、美容費
- 医療費
- 仕事に必要な備品代

特別な出費があった場合
レシートをもらえれば
家計から返金する

返金用のかごを作り
レシートを入れる

とのが確認して返金する

毎月嫁ちゃんに
ランチ代も含めた
2万2千円を渡す

半分ずつ渡す

デビットカード
1万1千円

＋

現金
1万1千円

家族マネー会議の開催
嫁ちゃんの給料日の次の休みに家族マネー会議をする
嫁ちゃんの給料日
嫁ちゃんの休みの日(会議をする)
こんな感じで決まりました
気分を変えるために必ず外食しながらやる
おぉ…
1回目の家族マネー会議は近所のファミレスですることにした
Family
それじゃぁご飯食べ終わったし始めようか
はーい
これが今月の収支なんだけど
スッ
※家族マネー会議用の資料作りはとのの役目
げえ!?
今月こんなに使ってるの!?
ガーン
4月分の支出
30万円
うん…
内訳を見れば何に使ってるかわかるよ
んばっ

こんな感じで会議はぎこちなく始まったが
そういえば今月必要なもの何かない？
あー
そうだ
私、化粧品が欲しい！
収支についてや欲しいもの、必要なものについても話すことができた
帰り道
トコトコ
うぅ…
俺、嫁ちゃんとずっとこんなふうにお金の話がしたかったんだよね
今日はありがとね…
ほろり
えっ そうなの？
なら早くそう言ってくれればよかったのに
言ってたけどね！前から！
あ、そうだったっけ
ごめんごめん
こうして1回目の家族マネー会議は無事に終了した
そして、三ヶ月後…

家族マネー会議は今もちゃんと続いている
明日家族マネー会議の日だね
おっ了解!
嫁ちゃんも積極的に参加してくれるようになった
そして他にも回を重ねるごとに変わったものがある
お金会議の資料は紙からタブレットに
これ今月の支出
iPad
このアプリめっちゃ便利
Moneytree
設定がちょっとめんどうだけど
アプリを使って全資産を管理できるようになった
そしてさらに嬉しいことに
ド
嫁ちゃんにも劇的な変化が…

今まではクレジットカードで
欲しいキャラ出ない
あと一回だけあと一回…
お金を使いすぎてしまっていた嫁ちゃんだったが…
ドン
クレジットカード
3月請求書
5万円
デビットカードに変えてからはソシャゲの課金額が激減!!
VISA
Debit card
わーい
今は月1800円くらいになった
なんと毎月おこづかい内でお金を使えるようになった!!
それに最近では今まで見なかったカードの残高も確認するように!
ん…
今月使えるのはあと5千円くらいか…
少し節約しよ
残高
5000円
僕はというと…
おこづかい制とデビットカードの活躍により
買い物行ってくる~ じゃあね~
はーい
ピロローン
おっ スーパーで買い物してる
アプリでいつどこでいくら使ったかわかる
嫁ちゃんの買い物に口を出さなくて済むようになり
ストレスが激減!

また、二人の収入も自分が管理できるようになり
これまではほぼ自分の収入から支払ってたから
家賃などの支払いがぐっと楽になった
めっちゃありがたい
また、今まで一切していなかった貯金を始めてみたら
まだ少ないけど増えると嬉しいもんだな
パァ
もっと増やせないかな〜
通帳
少しずつ増える残高を見るのが毎月の楽しみになった
正直家計相談を受けると決まった時には
お願いします！
ガッ
ダン
ズバリ家計を再生するマンガを描いてみませんか？
ズガーン
ッ!?
ピッ
たった数ヶ月でここまで変化があるとは思っていなかった
相談役としてファイナンシャルプランナーさんなどお金のプロの方々をご紹介します！
キラーン
お金のプロ
そ、そんなことできるんですか!?
ガタッ
おおおお
でもこんなチャンス二度とないし
嫁ちゃんにもお金に詳しくなってほしいし…
ぐっ
お金のプロの方の相談に…
嫁ちゃんも連れて行くことって可能ですか？
ぜいぜい

たしかに
僕たちも変わろうと
努力したのは事実…
でも、
努力だけでは
気づけなかった
大切なことを
横山さんには教えて
もらえたような
気がする
絶望的な
状態だった
我が家…
だけどようやく
改善に向けて一歩
踏み出せたという
確信がある
本当に…
ばっ
家計相談を
受けてよかった!

デビットカード無双

デビットカードは便利ですが、
使うべき用途は絞ったほうが
よさそうです。

コラム

劇的に変わった二ノ宮家の秘密

家計が変われば、家族も変わる！

怒濤《どとう》の家計相談を終えて、二ノ宮家の家計は劇的に変わりました。

今では、100万円近くあった滞納金も無事完済し、以前はまったくできなかった貯金も、毎月地道にコツコツ貯めたおかげで、この1年で50万円ほどになりました。

借金も減らして貯金も増やせるなんて、相談以前は想像もできなかった**将来への希望を感じる毎日です。おかげで、家族関係も変わりました。**

それに、ムリして息苦しい節約生活を送っている感じもありません。

今回は、相談後の**二ノ宮家の家計システムがどう変化し、それをキープするために、どんなルールを設けたのか**詳しく紹介したいと思います。

マンガには書いていない、細かなテクニックもあるのでこうご期待（笑）。

おこづかいに関するルール

嫁ちゃんには、**現金とデビットカードで合計2万2千円を渡し、必要経費は家計からお金を出してあげる**ルールを設けています。

ただ、「化粧品が欲しい」「本が欲しい」と、申告のたびにお金を渡すのは面倒です。そこで、「返金システム」を採用しました。

何を買うかの相談はしてもらいますが、そのたびにお金を渡すのではなく、**買った商品のレシートをいったん「返金用のかご」に入れておいてもらい、1週間ごとに確認して、まとめて返金するのです**(※大きな買い物の場合はそのつどお金を渡す場合も)。

返金システムのおかげで多めにお金を渡してお釣りをもらう手間も減り、レシートを見れば、正確な金額がわかるようになりました。

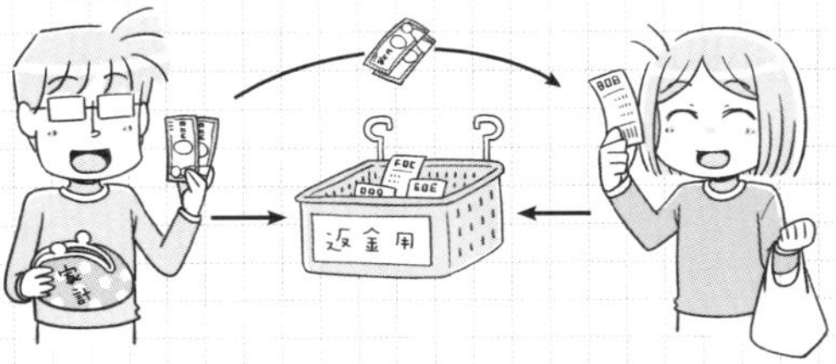

また、以前は「文句を言われるかも」と、レシートを隠しがちだった嫁ちゃんが、レシート集めに積極的に協力してくれるようになりました。

僕が「娯楽費か必要経費か判断できないレシート」に関しては、「なぜそれが必要だったのか」嫁ちゃんから直接プレゼンしてもらいます。

以前の嫁ちゃんは、娯楽費と必要経費がごちゃごちゃになりがちでしたが、自分でプレゼンするうちにはっきり違いがわかったようで、今では格段にお金の使い方がうまくなったと思います。

デビットカードでの支払い管理術

嫁ちゃんに、「おこづかい」とは別に「家の生活費」をどう渡すかについてはかなり悩みました。

現金で渡すと、お金の管理が苦手な嫁ちゃんは、「どっちがおこづかい用のお金だっけ？」と混乱してしまいそうで、心配だったのです。

二ノ宮家では現在、**おこづかい用と生活費用の2枚のデビットカードを嫁ちゃんに渡しています。**これにより、嫁ちゃんもストレスなく生活費を使えるようになりました（デビットカードが使えない場所での買い物は、レシートをもらうことで返金する）。

嫁ちゃんには家族カード（支払いしかできないカード）を渡し、メインのカード（入出金できるカード）は僕が使っています。

デビットカードの家族カードを発行している銀行は限られているので、うちの場合は「スルガ銀行」のデビットカードを使っています。

ほっ
生活費とおこづかいがごっちゃにならなくて安心
おこづかい

こうすればラクに続けられる！

手間を減らすとお金が増える

貯金、固定費の支払い、借金の返済、デビットカード（おこづかい＆生活費）など、口座への一切の入金を月の初めにすべてやります。

つまり、**かかる予定のお金を月の初めに家計から外してしまうのです。**

あらかじめ貯金を確保できるうえに、家賃などの支払いが足りなくなってあせることもなくなりました。

常にお金のことを考えていなくて済むので、ストレスは激減。残りのお金も気持ちよく使えます。

ちなみに、僕はすべての入金、出金を近場のコンビニで済ませています。ネット経由で振り込むよりも払った実感があるので、儀式として続けているところも……。

最近は、**時間帯や条件クリアにより、入出金無料のネット銀行がたくさんあるので、それらを利用するとラクですよ！**

月初めに
終わらせれば
あとは楽チン
ポテチ

メインで使う銀行口座は、「給料用」「固定費支払い用」「貯金用」の３つです。あとはデビットカード用の口座として、「嫁ちゃんのおこづかい用」と「生活費用」で、全部で５つの口座を持っています。

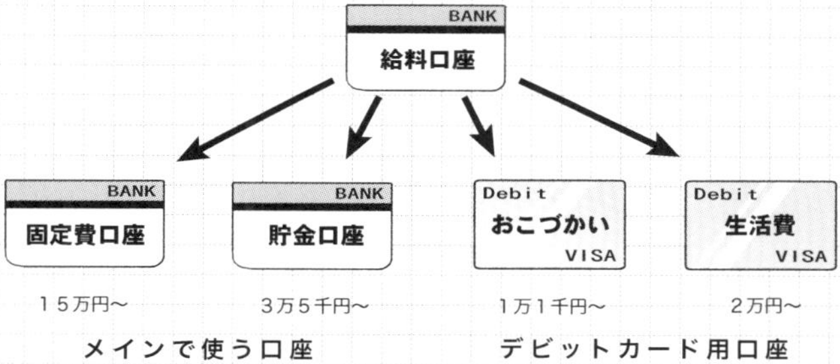

普通口座は「名義人本人ひとりにつき一口座」しか持てないので、全部別々の銀行で口座を作っています。でも、コンビニなら移動する手間もありません。

ネットバンキング※でなく実際に現金を手にして入金することで、「ひと仕事終えた」という達成感を味わえるので、あえて外に出かけることにしています。

※銀行取引をインターネット上で行うこと。

番外編
今回は番外編ということで
本編では紹介できなかった
二ノ宮家で使って助かったモノややってよかったルールをご紹介します！
ども～
ズバリ嫁ちゃんなんかある？
ガーン
えっ！いきなり振るの？
くる
う～んなんだろ？
スマホ代とか…？
なんか変えたでしょ？…なんだっけ？
格安ＳＩＭのこと？
ドン
格安SIM
そうそれっ！
格安ＳＩＭに変えてからめちゃめちゃスマホ代安くなったでしょ！
ビシ

たしかに※大手キャリアの頃と比べると通信費が5千円くらい安くなったんだよね
変更前
月8000円
変更後
月3000円
じゃん
あれはやってよかったかな
…まぁ君を説得するのも大変だったけどね
お願い格安SIMにして
絶対ヤダ!
メール使えないし
プイ
ツーン
う〜…その節はご迷惑かけました
ペコ
だって最初はなんかうさん臭かったし
今まで使ってたキャリアメールも使えなくなるっていうからさ
ぶー…
面倒なのもあったけど…
でもちゃんと話を聞けばそんな怪しいモノじゃないこともわかったし
お店の人
店舗で相談
メールはGmailを使えばなんとかなってるしね
Gmail
Gmailなどのフリーメール

※大手キャリア…au、docomo、SoftBankのこと。

他にも不便に感じてる部分とかあるの?
うーんそうだなぁ…
やっぱ大手キャリアの時に比べて通信速度が安定しない気はしてるかな
げっ
なんか遅い!
たまーにゲームが止まったり…
なるほど
…ただ家ではWi-Fiを使ってるし慣れたら気になるほどではないんだけどね
Wi-Fiを使うから大丈夫
成長してる…
うるうる
少しの我慢で5千円安くなるなら仕方ないかなって
あと電話する数も減ったね
うん
だって格安SIMって電話代も高くついちゃうし…
30秒で20円とか
昔は実家や職場への電話もスマホからしてたけど
LINE
LINE
or
固定電話
最近は非常時以外はLINEや固定電話を使うようになったかな

それに旦那が電話を基本使うなって念を押してくるしね…
ぐいぐい
ぐぬ…
でもそのおかげで家計的にはかなり助かってるから感謝してる
多少の不便はあるけど気にするほどじゃないしやっぱ格安SIMに変えてよかったかな
旦那も手伝ってくれたし
嫁ちゃん…
うる…
私の話ばかりもなんだし旦那も何かないの?
そうだなぁ～
ドン
僕はあれかな※マネーアプリ
今いくらお金があるのか一瞬でわかる
全資産
¥200,000
銀行口座
¥266,000
クレジットカー
ー¥66,000
電子マネー
¥0
あ——あれかー
※マネーアプリとは銀行の口座の残高や履歴など一括で管理してくれるアプリ最近では家計簿もつけられる
マネーアプリ

最初は
使い方がわからなくて
ずっと放置してたんだけど
どう使うんだ？
あっ
そういう
ことか！
しばらく経って
※ネットバンキングに
利用登録すれば
マネーアプリで口座が一括で
管理できることを知って
使い始めたんだよ
たしかに
マネーアプリを入れてから
私にも家の資産が
どれくらいあるのか
わかりやすくなったかも
そう言えば
これがうちの資産だよ
最近だと
家族マネー会議で
見せてくれるもんね
特に気に入ってるのが
クレジットカードの利用額を
負債扱いにしてくれる
ところかな
¥200,000
銀行口座
¥266,000
クレジットカード
-¥66,000
なにそれ
なんで？
クレジットカードって
支払いが翌月だから
手元のお金がいくらあるのか
正確に把握しづらいのが
悩みのタネだったんだよね
あー
それわかる
ぐさっ
それがアプリを入れてから
クレジットカードを使うと
銀行の残高から
利用額を差し引いて
資産を表示して
くれるんだよね
銀行の残高 − クレジットカード
＝
資産
だからいつでも
正確に手元のお金が
いくらあるのか
見ることができるんだ

※ネットバンキング…正式名称はインターネットバンキング。インターネットを使って、銀行などの残高や履歴の確認、振り込みなどが行えるサービスのこと。

あとは証券口座を登録すれば
株などの金融商品も管理できる
¥2,5000
株や投資信託などの金融商品を資産として計算してくれるのも便利だよね
最近は少し投資もやり始めたからありがたいかぎり
マネーアプリを使って不便だった部分はないの?
そうだなぁ…
んー
不便と感じたことはないけど銀行をマネーアプリに登録するのに
全て登録してやる!
カタカタ
うおぉーーー!!
ネット銀行以外の口座をネットバンキングに登録しなくちゃいけなかったのはかなり大変だったね
口座をいっぱい持ってる人なら骨が折れるだろうね
バタン
IDやパスワードを覚えておくだけでも大変そう…
ガーン
う〜ん
ちなみに嫁ちゃんのおこづかい用の口座はマネーアプリには登録してないよ
なんで?別にいいのに

プライベートも大事だしね
なんでもかんでもお金の情報が見えればいいやってわけでもないだろうし
キラン
見なくてもよいものもあるのさ
ふっ
旦那…
ちなみになんで急にネットバンキングに登録したの?
ずっと放置してたのに…きっかけは?
えっ! それは……
インターネットで調べてわかったからだよ…
嫁ちゃんが口座のお金を勝手に使ってないか見張るためとはとても言えない…
ドキドキ
ふーん…普通だね
でもマネーアプリに銀行の情報を入れて本当に大丈夫かはかなり心配だったかな
なんで心配だったの?
?
だってハッカーなんかの悪い人にIDや暗証番号を抜かれてお金を勝手に送金されたりしたら怖いでしょ!
ひひひ お金を盗むぞ
えっ それって大丈夫なの…?
急に不安になったんだけど

この辺りは
安心を得るため
横山さんに聞いてきました
マネーアプリ
ですか？
そうなんです
銀行の情報なんか入れて
本当に大丈夫かな…と
そもそも
QRコード決済のように
実際にお金を入れて使う
アプリではありませんし
アプリから不正に
お金を引き出されたりとか
そういう心配はありません
消費傾向などのデータを
抽出される可能性は
ありますが
抜かれたところで
誰の情報かも
わかりませんし
何が
そこまで
心配ですか？
でもでもっ
もし銀行の情報を
抜かれちゃったら
ネットバンキングに
勝手にログイン
されたりしませんか？
ガタ
そこから
お金を盗まれるとか
あのー…
とのさん
もしハッキング
できたとしても
リスクを冒してまで
普通は個人の口座の
お金なんて盗みませんよ
どうせ
盗むんだったら
個人の1万円じゃなくて
企業とかの100億円を
盗むでしょ？
違います？

た、たしかに…説得力ある
でしょ？
ズガーン
それに正しく使っていれば補償もちゃんとしてくれますしね
だってお堅い銀行さんが協賛してアプリの許可取ってやってるものですからその辺はしっかりしてますよ
僕もアプリに協力してるよ
銀行
…なるほど冷静に考えてみればそうですよね（汗
まぁ他人に暗証番号を教えちゃったり忘れちゃったりとか
そういう個人のミスはどうしようもないかもしれませんが…
ポリポリ
それを言い出したら何もできなくなっちゃいますしね…それでも心配な人は使わないほうがいいと思います
その辺はしっかりしていただいて…
ですね…
たしかに……
ありがとうございます！なんかホッとしました
ふーー
僕もマネーアプリを使っていますけど安心していいと思いますよ
…とのことでした
私もホッとした

嫁ちゃん
他には何かない？
例えば
気に入ってる
ルールとか
あっ
ならあれっ！
「ライブ代やイベント代を
年間３万円まで
家計から出していい」
ってやつ！
ド
あー
あれか～
最初はおこづかいを
少し増やして
自分でお金を貯めて
行ってもらおうと
思ってたんだけどね
ポリ
ポリ
そもそも嫁ちゃん
貯めるの苦手だし…
おこづかいを変えずに
家計から出したほうが
嫁ちゃんもいいかなと…
うん…
そのほうがいい
ちなみに
なぜ３万円かというと
横山さんの著書から
「消費・浪費・投資の
理想の割合」を
参考にしています
「消費・浪費・投資の理想の割合」
投資 25%
浪費 5%
消費 70%
消費…生活に必要な支出
浪費…生活に必要でない嗜好品などの支出
投資…将来の自分にとって有効になる支出
消・浪・投
これを見ると
収入の５％くらいが
娯楽費に使えます
うちの場合は
年収約４８０万円だから
年間24万円くらいかな

嫁ちゃんは年に3回はライブに行きたいって言ってたし
1回あたりの金額を1万円として
娯楽費 24万円 ー おこづかい 約12万円
＝
娯楽に使える残りのお金 約12万円
僕は娯楽費そんなに使わないし
娯楽費の24万円から嫁ちゃんのおこづかいを引いても3万円は出してあげられるかなと…
なんかいろいろ考えてくれてるんだね
まぁ嫁ちゃんが協力してくれてここまで家計も改善されたわけだし
このくらいはね…
娯楽も大事
旦那…
それに横山さんも**バランスが大事だ**って言ってたし
ただし、アニメのグッズ関係はおこづかいでね
ピッ
はーい わかってまーす
……
家計改善前はルールを決めてもケンカばっかで長続きした試しがなかったのにね
だって昔は**「自分で貯金しろ」**だとか**「カードを使うな」**とか私を縛るルールばかりだったでしょ
うるうる
成長を感じる!
そりゃ反発するよ!
でも今のルールは私も無理せずやれるものばかりだし
私のこと考えてくれてるなって思えるから逆にありがたいんだよね
なるほど

今まで
お金ばかりを
優先してましたが
ちゃんと家族を見ながら
ルールを作ってあげるのが
家計をうまく回せるコツ
なのかもしれませんね
家族を見る！
みなさんも
家計のルールを
決める時は
一方的に
押しつけるのではなく
家族と家計のバランスを
よく考えてみては
いかがでしょう
そんなわけで
今回ご紹介したのは
この3つ
じゃん
・格安ＳＩＭ
・マネーアプリ
・おこづかい以外の娯楽費
けっこう
紹介できたね
どれも個人的には
オススメなので
気になる方は
ぜひ試してみてください
ワァー!!
キャーー!!
格安
それでは〜
でわでわー

二ノ宮家の NG言動その3

エピローグ

借金がきっかけで見えた二ノ宮家の未来予想図

家計相談をしてから
1年半…
ニノ宮家の家計は
劇的に変化していた
滞納金やカードの
未払い118万円は
ほぼ完済し
バンザーイ
バンザーイ
残す借金は
嫁ちゃんの奨学金のみ
(18年間で完済予定)
となった
貯金も
毎月少しずつ増えて
こんなに
いつの間にか
貯まってる!
1年で50万円ほど
貯めることができた
最近は月に1万円ずつ
積立投資も
始めてみました
毎月
少しだけど
将来の
ため…
NISA
iDeCo
順風満帆に見えるニノ宮家だったが
ある日のこと…
TV
金融庁の報告書で
……月平均
5万円足りない…
これが30年
続くとなると
老後2千万円が
不足するという…

老後資金※2千万円問題
……
2千万円って一体何年分の収入だ？
※老後資金２千万円問題
金融庁の報告書(2019年６月)で、
「老後の30年間で、公的年金以外に夫婦で
約２千万円の生活費が不足するので、
長期・積立・分散投資による資産形成が必要」と
自助努力を呼びかけ、大きな話題となった。
ってか今から2千万円も貯金できるのかな
ドキドキ
考え出したら急に将来が不安になってきたぞ…
プルルルルル
その時
ちょうどこの本の執筆のために
横山さんに取材することに！
横山さんに取材の件で…
担当さん
マジすか！ぜひ！
老後2千万円問題がドンピシャな話題だったこともあり
思いきって将来の話などいろいろ聞いてきました
横山先生のオフィス

ガチャ…
とのさん お久しぶりです その後いかがですか？
キラーーーン
元気？
あっ 横山さん!? ごぶさたしてます
あれから貯金もできるようになって
少額ですが最近は投資もやり始めました
おぉ！ それはいいですね
…と家計が順調なのは何よりですが
今日は一体何のご用でしたか？
……それが
最近テレビでよくやってる**老後2千万円問題**とかいろいろ考えてたら
う〜〜ん
今の貯金や投資のやり方で本当に大丈夫なのか不安になってきてしまって…
なるほど

現状の話を聞く限り 貯金もできて 投資も始められたのは いいことだと思いますけどね
何が不安？
ガタッ
？
でもでもッ！ 貯金もいつまで安定して できるかわかりませんし…
わかりました では 少し整理してみますか
ピッ
まずは とのさんがお悩みの **お金を貯めるルール**を お話しします
大まかにですが **お金は主に3つの袋**に 分けて貯めます それぞれの袋の役割は 次の通りです
毎月の貯金
使う
貯める
増やす
1番先に貯める
2番目に貯める
3番目に貯める
左の「使う袋」から順に 毎月のお金を貯めていき 必要な分が貯まったら 左から右の袋に 余分なお金を移すイメージです
「使う袋」「貯める袋」は 言わば**「生活防衛資金」**です 急な結婚式のご祝儀や旅行 病気やケガや失業など イレギュラーな出費に 対応するためのお金になります
結婚式のご祝儀など 臨時の出費に 備えるお金
使う
生活費の1.5ヶ月分
病気やケガなど もしもの時の出費に 備えるお金
貯める
生活費の6ヶ月分
「使う袋」には **生活費の1・5ヶ月分** **「貯める袋」には 生活費の6ヶ月分**を 確保できれば十分でしょう

「増やす袋」は
老後の生活費や教育費など
将来使うためのお金です
将来に備えたお金
増やす
他の２つが貯まったら
貯め始める
生活防衛資金が貯まったら
この「増やす袋」に
お金を入れていきます
このお金は
必ずしも貯金ではなく
投資に当ててもいいでしょう
このような感じで
まずは生活を守るお金を作り
その後は投資にお金を回す
というのがうまい
お金の貯め方です
ピッ
じゃあ
うちの場合
まだ生活を守るお金が
できていないのに
投資をやってるんですが
少し早かったですかね？
いえいえ
やばい…
とのさんのように
今から貯金を始めると
生活防衛資金を作るのに
３～５年かかってしまいます
毎月３万円
貯金している場合
一万円
一万円
一万円
一万円
一万円
５千円
２万５千円
貯金
５千円
残りの５千円を
投資に回す
ですから
貯金に重きをおいて
少額を投資に回す
という方法もあると思います
ちなみに投資といっても
ＦＸや個別株の
短期売買（投機）では
ないですよ
キラーン
僕のオススメは
投資信託です
投資信託とは…
運用会社が投資家から預かったお金で
株や債券などに投資・運用する商品
メリット
・プロにお金を運用してもらえる
・証券会社によっては
１００円から購入できる
・分散していろんな会社に
投資できる
デメリット
・運用してもらうにあたり
手数料（信託報酬）がかかる

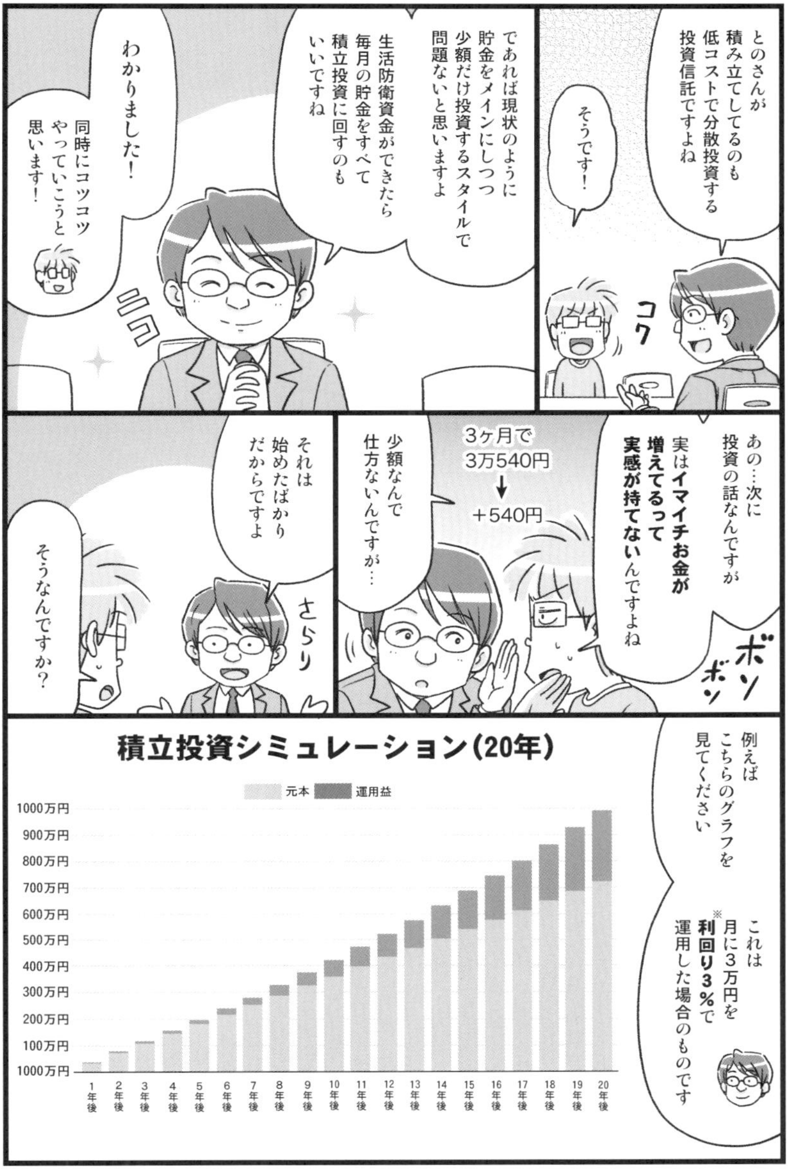

とのさんが積み立てしてるのも低コストで分散投資する投資信託ですよね
そうです!
コク
であれば現状のように貯金をメインにしつつ少額だけ投資するスタイルで問題ないと思いますよ
生活防衛資金ができたら毎月の貯金をすべて積立投資に回すのもいいですね
ニコ
わかりました!
同時にコツコツやっていこうと思います!
あの…次に投資の話なんですが
実は**イマイチお金が増えてるって実感が持てない**んですよね
ボソボソ
3ヶ月で3万540円
↓
+540円
少額なんで仕方ないんですが…
それは始めたばかりだからですよ
さらり
そうなんですか?
例えばこちらのグラフを見てください
これは月に3万円を**利回り※3%**で運用した場合のものです
積立投資シミュレーション(20年)
元本
運用益
1000万円
900万円
800万円
700万円
600万円
500万円
400万円
300万円
200万円
100万円
1000万円
1年後 2年後 3年後 4年後 5年後 6年後 7年後 8年後 9年後 10年後 11年後 12年後 13年後 14年後 15年後 16年後 17年後 18年後 19年後 20年後

※利回り…投資金額に対する、利子も含めた年単位の収益の割合。

※複利…元本(元々のお金)についた利息を元本に追加し、「元本+利息」を元に利息を増やしていく仕組み。

他にも積立投資には
国の便利な制度がありますので
そういうのを使ってやると
もっとお得になりますよ
iDeCoや
つみたてNISA
僕も
使ってます！
※これからの時代って
インフレが
予想されるんで
大ざっぱな例えですが
100万円の現金を
そのまま持っていると
額面的には同じでも
年間1%マイナスの
99万円くらいに価値が下がる
ことになるんですよね
つまり年間1%以上で
お金を運用しないと
いけないと…
ガタ
その通りです
銀行の普通預金の
金利は年0.001%
くらいですからね
100万円で
1年間の利息は
10円以下です
だから預金だけで
お金を持っておくのは
オススメできませんね
ピッ
生活防衛資金が
貯まったら
できるだけ早く
運用を始めることが
重要です
やっぱ投資って
大事ですね…
これからは
どんな人にでも
必要になってくると
思います
ちなみに投資は
将来のためにやるって
よく聞くんですが
実はいまいちピンと
こないんですよね
将来のためとは具体的に
どういうものを
指すんでしょうか？

※インフレ…需要が供給を上回り、モノやサービスの値段が上昇し続ける状態。日本で起きれば、「円」の貨幣価値が下がり、円安になる。

人によっていろいろな場合が想定されると思いますが
20~30代の資産価値
例えば20~30代でお金を稼ぐ力の資産価値がこのくらいとしましょう
死ぬ気で働けばこれだけ稼げるのがこの年代です
ですが年をとって50~60代となると人的《じんてき》な資産価値は下がっていきます
ぐぐっ
20～30代
50～60代
そうなるとどんなに頑張って働いても稼げる額は減ってしまいます
そこで先ほどの投資が役に立ってくるんです
投資の力で稼げなくなった分を補うという考え方をしてみてはどうでしょう?
投資の力（収益）
20代
50代
な、なるほど!
投資で増やしたお金って稼げなくなった時に役に立つんですね
おおおおお
そうなんです
だから長期で続けるためできるだけ早くから投資を始めることが大事なんです

今まで漠然と将来のためにと投資してたんですが
今回のお話でストンと腑《ふ》に落ちました
将来自分が稼げなくなった時のためにあるんだ
投資ってギャンブルみたいに思われがちですけどそれは一部のものだけで
今話している積立投資に関しては将来の自分にお金を送るのをイメージしてもらえたらいいと思いますよ
現在の自分
お金送ったよー
将来の自分
ありがとー
なるほどなぁ…
ちなみに資産の少ない人が**気にかけておくべきポイント**ってありますか？
ほう
例えば何を節約するだとか借入金の返済をどうするかとか…
それならとのさんはできてると思いますよ
へ…そうなんですか？
僕が大事だと思うのはとにかく**毎月の家計をプラスにすること**ですね
収入や支出を計算したうえでいくら貯金できるのかを把握してどうしたら家計をプラスにできるのか考える
それがすべてです
キラン

それができていないのに将来の心配をしても仕方のないことですよ
ドドーン
極論を言えば今しっかりしていれば将来もしっかりするってことです
なんかかっこいい
おぉ―――!!
そっか…今までやってきたことが将来のための答えでもあったのか
借金!!
えっ!?
今しっかりすることが先々にきちんとつながるんだ
では最後の質問なんですけど
スッ
これは万が一の話ですが
65歳までに2千万円貯まらなかった場合はどんな老後が待っていますか?
やはり絶望的ですか?
人それぞれで必要なお金が違うことを前提に話しますが
……う~んそうですね
ん~~…

僕は特に問題ないと思いますけどね
さらり
えっ？
でも2千万円ですよ大金ですよ
ぐわ
あれって月に5万円が足りないって話ですよね
だったら簡単です
まずは半分の2万5千円でいいので減らそうって話です
生活費の節約でも娯楽を削るのでもいいです
それで1千万円浮きますよね
さらり
へ…？
ド
じゃあ残りの2万5千円は…？
これ以上生活費を削れないってなったら？
たしかに……
でしょ？
…そ、その発想なかった…

もうこれ以上削れないって状況なら
さらり
2万5千円分働けばいいんですよ
ふふ…
あ―――ッ!?
大騒ぎしてる人はぶっちゃけどうして年金だけで生活していけると思っていたのかって
逆に僕はそっちのほうが不思議ですけどね
親の親の世代ならともかく…
……
僕もできるだけ70歳までは現役で働こうと思ってますし
年金も繰り下げ受給という制度があります
年金
繰り下げ受給
通常は65歳から年金は受け取れますが5年繰り下げして70歳からの受給にすると
じゃん

請求時の年齢	増額率
66歳0ヶ月～66歳11ヶ月	8.4～16.1%
67歳0ヶ月～67歳11ヶ月	16.8～24.5%
68歳0ヶ月～68歳11ヶ月	25.2～32.9%
69歳0ヶ月～69歳11ヶ月	33.6～41.3%
70歳0ヶ月～	42%

年42%も増額された年金を受け取ることができるんです
へ―――!

それに僕が言うのも おかしな話ですが
やはり大事なのは 70代でも健康で 働ける体を維持すること ですかね
健康第一
ニコ
年金もらわなくても 月に5万～7万円稼げるぞ という人になって
健康で長生きする という生き方が いいと思いますね
なので2千万円 貯まらなかったといって そこまでおびえる必要は ないと思いますよ
かといって 将来の備えを 怠っていいわけでは ありませんけど
ほっ
ですね～ でもなんか ちょっと安心しました
フリーランスの とのさんの場合は 国民年金なんて 今しっかり働いて おいてくださいね
厚生年金に比べて もらえる額も 少ないので
ははは…
は は－い… がんばります
今日は ありがとう ございました! 将来への不安も減って お金との向き合い方も 改めてわかった気がします
いえいえ これからも 頑張ってください
ペコっ
こうして 取材は終了した

少し怖がりすぎてたなぁ
横山さんに聞いてスッキリした
2千万円って金額にだいぶ踊らされてた気がする
でも昔の自分だったらこの話題に興味すら持たなかったかも…
2千万円問題!
ふーんそうなんだ…
そう思うと本当に成長したんだなぁ自分…
まだまだだけど…
家計改善前は「一生このままかも…」と不安だった僕ですが
昔
どうすればいいんだ!!
今
将来のために貯金
ATM
現状の家計を把握するところから始めてここまで変わることができました
これからも嫁ちゃんと協力してお金と向き合っていきたいと思います
この本がみなさんにとって少しでもお金に興味を持つきっかけになってくれたら嬉しいです
では
んばっ
また会う日まで

おわり

（おまけ）横山さんの相談料っておいくらですか？

二ノ宮家が家計改善を始めるきっかけになったお金マンガコンテスト受賞作です
じゃ〜〜ん
過去に本当にあったクレジットカードでの失敗談になります
ズーン
思い出したくない…

本当にあったお金の怖い話

う〜ん
カードの明細って
毎月来るもんだったか…
自分は支払い遅れて
振込用紙が
来たことはあったけど……
ん——…
郵送？
ねぇ、嫁ちゃん
カード何に使ってるの？
ゴロ〜ン
んー
スマホ代とか
この前出張で泊まった
ホテル代とかも払ったよ
毎月
カードの明細来てるけど
ちゃんと払ってるの？
○×カード
なっ
ムカー
ガバッ
払ってるよ！
毎月3万も!!
ん〜
いつも嫁ちゃんに聞くと
3万の固定なんだよなぁ
自分の支払い金は
毎月バラバラなのに…
なんでだ…
迫力負け
シャ〜
当時 僕たちは
自分のお金の管理は
お互い自分でしていた
自分で稼いだお金は
自分で管理しよう
お金の話をすると
ケンカになるため
僕もあまり深入り
しないことにしていた
君がいいなら
いいかな

が
このとき不意に身の毛もよだつ不安を覚え少しだけ踏み込んでみた
ゾクゥ…
ねぇ嫁 毎月3万払ってるのはわかったけど
結局残金いくらあるの？
スマホやPCで見たことあるでしょ？
ビシッ
ピキ
え 見たことないけど
ガーン
パリーン
なぬ―――!?
えっ じゃあ今まで なんで3万も 毎月払ってたのか 内訳全然知らないの!?
うるさいなぁ ちゃんと払ってるんだから いいじゃん！
えぇー
ムカ
ここで引き下がってはだめだ…
ぐぐぐ…

今すぐ残金を見ろ！
バッ
ムカッ
あぁ！
めんどいいや！
今すぐ見ろ！
い・や・だ！
ギャーギャー
チチチ…
…そんなすぐできないから待って！
ハァハァ
イライラ
根負けした
ふだん争いを避けるから疲れる……
パスワードわかんない!!
はぁ!?
ぐわっ
ドキドキ…
ゴクッ…
嫌な予感がする

あ、入れた
おっ!?
どこ見るの?
お支払い明細のとこだよ
早く見て!
はよー
ほんとうるさいなぁ…
今見るから!
イラ イラ
……
……っ!?
ぎょっ
ビク…
……
…… ……
……嫁ちゃん?

どうしたんだ
何か言えよ
ガタ
ガタ
こわいんだけど…
………
………
ヤバイの…？
コク…
残金いくらあったの？
ズーン
……
……
いくら
あったのッ！
おおぉおぉ
言ってよ!!
こわい―
……、
だって……
うぅ…

言ったら
怒るもん！
わっ
ぐ
ムリー
ブン
ブン
いやいやいや
いやいやいやっ!!
いいから教えて!!
いい！
あたしが払うからっ!!
ギャー
ギャー
らちがあかん…
つ〜〜…
わかった…
怒らないから教えてみ
押してだめなら
引いてみろ
（すでに怒ってる）
…………
30万くらいか…
いや、
ここは言い出しやすいように
金額を大きく言っとこう
ニコー

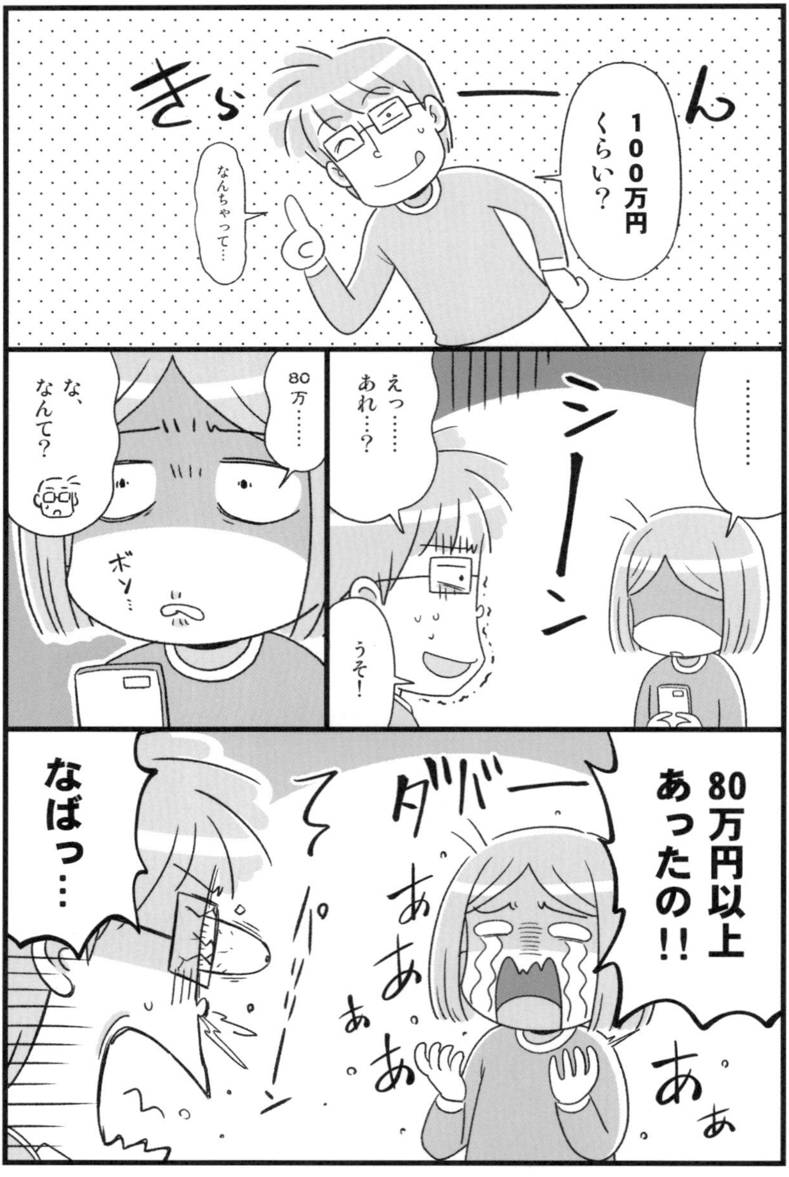
きら〜〜ん
100万円くらい?
なんちゃって…
…………
シーーン
えっ……あれ…?
うそ!
80万……
な、なんて?
ボソ…
80万円以上あったの!!
ダバーー
ああああ
ああ
なばっ…

…しかも
前に返したと思ってたキャッシングも15万くらいあって…
80万＋15万＝95万！
嘘だと言って!!
ズギャーン
……
…はは
えっ？
ゆらぁ…
ぐす…
はははははははははははははははははははははははははははは
笑うしかない
旦那あ——!?
戻ってきて〜!!
ガッ
プルプル

でもおかしい
毎月3万も払っていて
さすがにこれは…
なんでこんなことに…
はは…
ちらっ
んっ
請求金額の明細
利用者 支払い方法 利用金額 手数料
本人 リボ切替 442
本人 リボ切替 648
リボ切替 820
リボ切替 450
リボ――――ッ!!
ぐわっ
ビクッ
?
……嫁ちゃん
もしかしてカードの支払い
全リボとかにしてないよね
え……
ドキン
ちらっ
したような気がする…
前に
お金払えなくなって…
ダメだった?
うぉ、
やっぱり――――!!

僕も過去に自分主催の飲み会代をリボ払いにして大損した経験がありリボの怖さはわかっていたつもりだったが……
どうしたの？
ワナワナ
あ、あかんでこれは…
まさか嫁ちゃんもリボに…
すぐにカード会社に行くぞ！
えっ
カード会社にて
カード
そうですね
以前に全リボに支払いを切り替えて月３万円返済の定額コースに設定されてますね
受付
担当の人に「リボ取引明細照会」を出してもらう
「リボ取引明細照会」とはカードを利用した日や金額支払額の内訳についても記載してある
リボ取
明細照会

先月の3万円の支払いで
内訳と残金は
このようになっていた
お支払額(円)
30,000
手数料(円)
10,015
元金(円)
19,985
手数料(%)
15.0
元金残(円)
822,697
以前からずっと
支払った3万円のうち
3分の1が
利息に消えていたらしい
つまり
3万円払ったつもりが
実質2万円ほどしか
払っていなかったことになる
(支払額 3万円)
10000円
10000円
10000円
10000円
10000円
10000円
(返済金 2万円)
(手数料 1万円)
また嫁ちゃんの場合
支払いの後にも
カードをたびたび使用
カード
今月も支払ったし
またカード使えるぞ~
イエー
明細を見ると
残金が減るどころか
増えていた
先々月支払い後の残金(円)
731,611
先月支払い後の残金(円)
822,697
残金プラス
約10万円!
まさにリボ払いの
地獄のループに
足を突っ込んでいたのだった

嫁ちゃんの金遣いに疑問を感じたことは多々あった
給料は手取り少なめなのにホテル代やらイベント費用グッズの大人買いや仲間内の飲み会代
出張のホテル
Hotel
イベント
同人誌
飲み会代
グッズの大人買い
キーホルダー
どこから捻出《ねんしゅつ》しているのかずっと謎だった
嫁ちゃんの思考的にはこんなんだったと思う
カードを使う
ポイントやらつくからカードで払おう
イエー
カード
全リボの3万円の支払い
これで今月は全部払ったぞ
月にいくら使ってるのかは考えていない
結構払ったぞ
ATM
さらにカードを使う
今月は払ったしまたカード使おう
全額支払ったと思ってるのでためらわずカードを使う
カード
これが積もり積もってヤバイことに…
さらにリボで支払額の利息が高く残金がまったく減らない
あああああああああああ
カード
地獄のループ
よめー
加えてカードを使うから残金がさらに増えていくという地獄のループ

結局その日のうちに全額は返せず2回に分けてカード会社に行くことに
ATM
最高50万円しかATMでおろせなかった
手数料を抑えたいのでしたら
できるだけ早く支払ったほうがいいかもしれません
さ――…
また担当の人には1日ごとに400円ほど利息がついていると言われかなり焦りました
こわすぎ…
さすがにこの一件嫁ちゃんは大いに反省したようでガックリうなだれお金の怖さをかみしめていた
シーーン
自分はというと来年の活動資金だった100万円を支払いにあて嫁ちゃんのお金の管理に深入りせず放置をした自分を後悔…
通帳
嫁ちゃんのカードを預かりお金の管理を徹底しようと心に誓うのであった
今では笑い話ですが当時の心境はまさに地獄でした
はは…
ウシジマくんの世界だったら死んでました
反省…
すいません…
でもこれがきっかけでお金の怖さについて夫婦で見直せたのはよかったとも今では思っています
みなさんも夫婦間のお金の管理には気をつけてくださいね(苦笑)
お疲れ様でした
ペコリ
end

お金の教育

これから社会に出て行く
学生たちを見ていると、
やっぱり学校でお金の話を
必修にすべきなのでは……、
といつも思います（苦笑）。

お金オンチ夫婦
借金500万からのビンボー脱出大作戦

著者：二ノ宮との（にのみや・との）
漫画家。千葉で嫁ちゃんと息子と三人で暮らし、育児しながらエッセイ漫画を執筆。「本当にあったお金のこわい話」で「FROGGY × note お金マンガコンテスト」グランプリを受賞したのを機に、家計改善や投資について学ぶように。SMBC 日興証券の FROGGY や note、cakes などのウェブメディアを中心に活躍している。Twitter（@tonotono7777）

監修：横山光昭（よこやま・みつあき）
家計再生コンサルタント、株式会社マイエフピー代表。お金の使い方そのものを改善する独自の家計再生プログラムで、家計の確実な再生をめざし、個別の相談・指導に高い評価を受けている。これまでの相談件数は 23,000 件を突破。60 万部超の『はじめての人のための 3000 円投資生活』（アスコム）を代表作とし、著作累計 330 万部を超えるファイナンシャルプランナーの第一人者。

初出：本書は Web サイト「FROGGY」（https://froggy.smbcnikko.co.jp/）および「cakes」（https://cakes.mu/）で連載した「借金 500 万マンガ家の、ビンボー脱出作戦」に、大幅な加筆修正と描き下ろしを加えて書籍化したものです。
cakes 連載時担当（1 -8 話）：中田絵理香（ピースオブケイク）

デザイン　佐藤亜沙美（サトウサンカイ）
校正　株式会社円水社
編集　石川奈都子

発行日　2019 年 11 月 20 日　初版第 1 刷発行

著　者　二ノ宮との
発行者　竹間 勉
発　行　株式会社世界文化社
〒 102-8187　東京都千代田区九段北 4-2-29
☎ 03-3262-5118（編集部）
☎ 03-3262-5115（販売部）
印刷・製本　中央精版印刷株式会社

ISBN 978-4-418-19423-0